Die Rezepte aus der Erfolgsserie im **General-Anzeiger**

MEIN
GERICHT

KOCHEN MIT
DEM PROFI

LEMPERTZ

Inhalt

Vorwort **4**

Fleisch

Iberico Schweinebäckchen **8**

Roulade mal asiatisch **10**

Bratwurst mit Senf und Majoran **14**

Pasta mit Reh-Bolognese, Buchenpilzen und jungen Mangoldblättern **16**

Gefüllter Kalbstafelspitz **18**

Entenbrust **20**

Eifler Rehrücken **24**

Chorizo al Vino Blanco **26**

Chicken Karaage **30**

Gesottenes Wildschwein, zweierlei Rosenkohl, Senfschaum **32**

Lamm im Beet **34**

Boeuf Bourguignon **36**

Hirsch-Involtini auf Wildkräuter- und Feldsalat **40**

Gnocchi mit Gorgonzola-Sauce **42**

Entenbrust „Berliner Art" **44**

Spanferkel aus dem Münsterland **46**

Yakitiroi-Spieße **48**

Fisch & Meeresfrüchte

Eifel-Tomate und Gurke trifft Felchen vom Laacher See 52

Aprikosen-Ceviche. 54

Gebratener Zander auf Traubenkraut 56

Skrei-Filet im Pergamentblatt gegart 60

Gebratenes Zanderfilet mit Schmorgurken 62

Tatar vom Ikarimi-Lachs auf Kartoffelrösti 64

Poelierte Seezunge 66

Dorade Royale. 68

Gebratenes Lachsfilet. 72

Wolfsbarsch I Bärlauch I Spargel. 74

Riesling-Zander 78

Gebratener Saibling. 80

Saltimbocca vom Seeteufel 82

Kaisergranat 84

Vegetarisch

Aufgeschlagener Ziegenfrischkäse. 88

Vegetarisches Kartoffel-Paprika-Gulasch 90

Tortellini vom Scamorza. 92

Gefüllte Zucchiniblüten 94

Blumenkohl, Trüffel-Gnocchi, Meerettich-Beurre Blanc, Rauchsalzmandel 98

Kürbiscreme im Blätterteig. 100

Steinpilz-Arancini. 102

Maronen-Ravioli 104

Karotte mit Mohnknödel und Giersch 106

Gebratener weißer Spargel im Kataifi-Teig. 108

Rezepte von Spitzenköchinnen und -köchen aus Bonn und der Region füllen eine Lücke

Altmeisterinnen wie Marcella Hazan oder Julia Child, nahbare Küchenhelden wie Jamie Oliver oder Tim Mälzer, Koch-Philosophen wie Nigel Slater, Trendsetter wie Yotam Ottolenghi oder Küchenchefs wie Alexander Herrmann oder Viktoria Fuchs: Sie stehen alle einträchtig, Buchrücken an Buchrücken mit ihren Rezepten in meinem Kochbuch-Regal nebeneinander. Nur meinen regionalen Lieblingsköchinnen und -köchen ist noch nicht mal ein Zentimeter der üppigen Regalmeter gewidmet.

Das muss sich ändern, diese Lücke muss gefüllt werden. Da waren mein Kollege Kai Pfundt, unsere Weinexpertin Caro Maurer sowie das ganze Team des General-Anzeiger Genuss-Newsletters „Bonn Appetit" und unserer Wochenend-Beilage „Boulevard" schnell einig. Wer sich wie wir schon seit vielen Jahren mit Kulinarik in Bonn und der Region beschäftigt, findet zum Glück Verbündete, die bei einem solchen Vorhaben mitmachen: Antje Heel vom Verlag Edition Lempertz zeigte sich begeistert. Und dank unserer jahrelangen Kooperation mit Köchinnen und Köchen aus der Region verfügten wir über einen gut gefüllten Fundus an Rezepten: Schließlich stellen bereits seit Februar 2022 Küchenchefs und -chefinnen an jedem Samstag im Rahmen der GA-Serie „Mein Gericht. Kochen mit dem Profi" jahreszeitlich geprägte Köstlichkeiten vor.

Es war also gar nicht einfach, 40 Rezepte aus 15 Küchen für das vorliegende Buch auszuwählen. Von der bodenständigen Bratwurst mit Senf und Majoran bis zur poelierten Seezunge mit Kartoffelmousseline und Beurre Blanc, von der Kopfsalatcreme mit Steinpilzsalat und Tomaten bis zum gesottenen Wildschwein mit zweierlei Rosenkohl und Senfschaum ist für jeden Geschmack, nahezu jede Ernährungsart und jede Küchenfertig-keit etwas dabei. Einen zusätzlichen Genuss bilden die kurzen Steckbriefe, in denen die beteiligten Köche eigene kulinarische Vorlieben, aber auch ihre unverzichtbaren Hilfsmittel und Zutaten preisgeben.

Unser Dank gilt an dieser Stelle natürlich zuallererst den 14 Köchen und der Köchin Astrid Kuth, die uns ihre Rezepte für dieses Buch zur Verfügung gestellt haben. Aber auch bei den Fotografinnen Barbara Frommann und Franziska Klein, deren Kollegen Frank Homann sowie Hans-Jürgen Vollrath und Martin Gausmann, die beide unter Ahr-Foto firmieren, möchten wir uns bedanken, dass sie die vielfältigen Gerichte so appetitlich in Szene gesetzt haben, dass dem Betrachter das Wasser im Munde zusammenläuft.

Wir wünschen Ihnen viel Vergnügen beim Blättern und beim Nachkochen.

Lassen Sie es sich schmecken!

Sylvia Binner
Stellvertretende GA-Chefredakteurin und Co-Autorin des Newsletters „Bonn Appetit"

PS: Sie wollen auch zukünftig keines der Rezepte verpassen? Dann abonnieren Sie unseren wöchentlichen GA-Newsletter „Bonn Appetit". Er liefert ihnen jeden Donnerstag Informationen zur Gastro-Szene in der Region und Koch-Tipps ins Mailpostfach. Anmelden können Sie sich unter dem ga.de/foodies oder dem folgenden QR-Code.

Fleisch

Iberico Schweinebäckchen 8

Roulade mal asiatisch. 10

Bratwurst mit Senf & Majoran und bayrischem
Kartoffel-Pfifferlings-Salat. 14

Pasta mit Reh-Bolognese, Buchenpilzen und jungen Mangoldblättern . . 16

Gefüllter Kalbstafelspitz 18

Entenbrust. 20

Eifler Rehrücken mit Rahmwirsing, Apfel, Preiselbeeren
und Selleriepüree. 24

Chorizo al Vino Blanco, Aioli, Avocado-Salat mit Birne und
Manchego, Scharfes Tomatensüppchen mit Chili, Fladenbrot 26

Chicken Karaage. 30

Gesottenes Wildschwein, zweierlei Rosenkohl, Senfschaum. 32

Lamm im Beet 34

Boeuf Bourguignon 36

Hirsch-Involtini auf Wildkräuter- und Feldsalat mit
karamellisierten Zwetschgen und Walnüssen 40

Gnocchi mit Gorgonzola-Sauce, Landschinken,
Kürbiskernen und Trauben 42

Entenbrust „Berliner Art". 44

Spanferkel aus dem Münsterland mit fermentiertem Rhabarber,
Erbsen, Morcheln und grünem Spargel. 46

Yakitiroi-Spieße I Erdnuss-Sauce I Japanischer Gurkensalat. 48

Iberico Schweinebäckchen

für **4** Personen

Zutaten Bramata

750 ml Brühe

200 g Bramata (grobe Polenta)

20 g Butter

30 g Olivenöl

40 g Parmesan

Salz, Pfeffer

Zutaten Chorizo-Öl

25 g Chorizo, klein geschnitten

80 g Rapsöl

Zutaten Gemüse

1 Spitzpaprika, halbiert und entkernt

Olivenöl zum Würzen

Salz, Pfeffer

Piment d'Espelette zum Würzen

1 grüne Zucchini

1 gelbe Zucchini

100 g Pimientos de Padrón

Meersalz zum Würzen

Zutaten Iberico-Schweinebäckchen

1 kg Iberico-Schweinebäckchen

4 Schalotten, walnussgroße Stücke

2 Möhren, walnussgroße Stücke

½ Stange Lauch, walnussgroße Stücke

¼ Knollensellerie, walnussgroße Stücke

30 g Tomatenmark

1 l Brühe

Thymian

Rosmarin

Pfeffer, schwarz, ganz

etwas Mondamin zum Binden

Anrichten

2 EL geschnittener Schnittlauch

60 g gepoppter Amaranth (aus dem Reformhaus)

Bramata: Die Brühe aufkochen und die abgewogene Bramata in die kochende Flüssigkeit einrühren, unter kleinster Hitze für ca. 10–15 Minuten weiterrühren und zum Fertigstellen Butter, Olivenöl und Parmesan einrühren. Abgedeckt an die Seite des Herds stellen.

Chorizo-Öl: Die Chorizo kräftig in etwas Rapsöl anbraten. Dann die Pfanne von der Hitze nehmen und mit dem restlichen Rapsöl auffüllen und für ca. ½ Stunde ziehen lassen, durch ein Sieb passieren und zur weiteren Verwendung bereitstellen.

Gemüse: Die halbierte Spitzpaprika mit Olivenöl, Salz, Pfeffer und Piment d'Espelette würzen. Auf einem Backblech bei 200°C Umluft im Ofen für ca. 8 Minuten backen, sodass sich die Haut der Paprika abziehen lässt.

Die Zucchini, sowie die geschmorte Paprika in kleine Würfel schneiden, zur weiteren Verwendung an die Seite stellen.

Die Pimientos erst kurz vor dem Anrichten scharf anbraten, mit Meersalz und Piment d'Espelette würzen und auf den Teller geben.

Iberico-Schweinebäckchen: Die Schweinebäckchen kräftig mit Salz und Pfeffer würzen, scharf anbraten und wieder aus dem Bräter entnehmen.

In demselben Bräter direkt nach den Bäckchen, die Schalotten und das Gemüse anbraten. Sobald das Gemüse eine schöne braune Röstfarbe angenommen hat, das Tomatenmark hinzugeben und mitrösten, mit der Brühe ablöschen und die Bäckchen sowie die Aromaten (Thymian, Rosmarin und ganzer Pfeffer) wieder hinzugeben.

Den Bräter nun abgedeckt für 1–2 Stunden bei 120°C Umluft in den Ofen schieben, danach die Bäckchen entnehmen und den Schmorfond abpassieren.

Den passierten Schmorfond um zwei Drittel einreduzieren, abschmecken und mit etwas Mondamin binden, die gegarten Bäckchen zum Erwärmen wieder in die Sauce legen.

Anrichten

Die Bramata mit einem Löffel auf den Teller geben, etwas frisch geschnittenen Schnittlauch darüber streuen. Die Bäckchen aus der Sauce nehmen und mit gepopptem Amaranth bestreut auf der Bramata platzieren. Die Pimientos de Padrón neben den Bäckchen platzieren. Die in Würfel geschnittene Zucchini und Paprika der Schmorjus hinzufügen, einmal kurz aufkochen, dass Chorizo-Öl einrühren und auf dem Teller angießen.

Felix Kaspar ist Küchenchef des Restaurants Konrad's im Marriott Hotel in Bonn, www.konrads-bonn.de

Roulade mal asiatisch

für **4** Personen

Zutaten Rouladen

50 g getrocknete Shiitake

1 l Wasser

600 g Rouladenfleisch vom Rind (6 Scheiben a 100 g)

Salz, Pfeffer

1 EL Senf

6 Scheiben Speck

1 Zwiebel, klein geschnitten

6 Essiggurken, längs halbiert

Zutaten Sauce

Mirepoix (Röstgemüse-mischung) aus Karotte, Sellerie, Zwiebel, Peperoni (klein gewürfelt)

2 EL Tomatenmark

500 ml Rotwein

Zutaten Süßkartoffel-Püree

500 g Süßkartoffeln

Salz, Chilipulver, Limettensaft

Zutaten Rotkohl-Kimchi

500 g Rotkohl, klein geschnitten

100 ml Reisessig

50 ml Sojasoße

30 g Koreanische Paprika-paste (im Asia-Laden oder online bestellen)

50 ml Ahornsirup

Zutaten Süßkartoffel-Stroh

reichlich Öl zum Frittieren

1–2 Süßkartoffeln, in feinen Streifen

Shiitake über Nacht in 1 Liter Wasser einweichen.

Rouladen: Rouladenfleisch ausbreiten, salzen und pfeffern und mit Senf bestreichen, mit Speck belegen und mit Zwiebeln und Gürkchen füllen und eng aufrollen. Mit einem Zahnstocher die Enden fixieren. Rouladen scharf anbraten und in einen Schmor-behälter geben.

In der gleichen Pfanne Karotte, Sellerie, Zwiebel und Peperoni anrösten, Tomatenmark hinzugeben und mit Rotwein ablöschen. So lange einkochen, bis der Alkohol verkocht ist. Dann mit dem Shiitake-Fond und den Shiitake auffüllen. Alles über die Rouladen geben und die Rouladen bei 160°C Umluft 2 Stunden schmoren. Rouladen entnehmen, Sauce durch ein Sieb abpassieren und in einen Topf geben. Die Sauce aufkochen lassen und auf die gewünschte Intensität reduzieren. Gegebenenfalls mit Stärke abbinden.

Tipp: Zum Glattrühren der Stärke Sojasoße statt Wasser ver-wenden.

Süßkartoffel-Püree: Süßkartoffeln halbieren und mit der Schale in Salzwasser weichkochen. Noch heiß aus der Schale drü-cken, pürieren und mit Salz, Chili und Limettensaft abschmecken.

Rotkohl-Kimchi: Kleingeschnittenen Rotkohl 24 Stunden marinieren in einer Marinade von Reisessig, Sojasoße, Paprika-paste und Ahornsirup. Am nächsten Tag den Rotkohl in einen Topf geben und weichkochen, gegebenenfalls etwas Wasser hinzu-geben, mit Salz und Pfeffer abschmecken.

Süßkartoffelstroh: Reichlich Öl in einem Topf auf 150°C erhitzen und die Süßkartoffelstreifen darin knusprig ausfrittieren. Auf Küchenpapier abtropfen lassen.

Paul Heuser ist Küchenchef im Restaurant Feinschliff in Sinzig, www.restaurant-feinschliff.de

Steckbrief

Klaus Velten

Stationen: Herrenhaus Buchholz, Halbedels Gasthaus, Privatkoch Familie Bismack – London, Privatkoch Heidi Horten– Wörthersee

Kontaktdaten des Restaurants:
www.kochateliers.de

Kochstil? Wir kochen alles, außer Sushi

Wein oder Bier? Erst Bier, dann Wein, später wieder Bier.

Unvergessliches Gericht aus der Kindheit? Rheinischer Sauerbraten & Omas Kirschpfannkuchen

Wie sind Sie zum Kochen gekommen? Ich konnte nichts anderes!

Welche Zutat verfeinert nahezu jedes Gericht? Liebe

Ohne welches Küchengerät kommen Sie nicht aus? Ein gutes Messer und Schneidebrett

Wohin möchten Sie unbedingt essen gehen?
The Fat Duck

Liebster Zeitvertreib außerhalb der Küche? In einem guten Restaurant sitzen

Steckbrief

Paul Heuser

Stationen: Ausbildung Culinaria Catering Wuppertal, Sansibar Sylt, Schloss Bensberg Bergisch Gladbach, Arosa Sylt Spices *, Fährhaus Sylt **, Yoso Andernach *, Feinschliff

Kontaktdaten des Restaurants:
Restaurant Feinschliff, Kirchplatz 8-9, 53489 Sinzig, Telefon: 02642 9959699, www.restaurant-feinschliff.de

Kochstil? Euro-Asiatischer Stil

Wein oder Bier? Bier

Unvergessliches Gericht aus der Kindheit? Omas Bratkartoffeln

Wie sind Sie zum Kochen gekommen? Nach einem Schülerpraktikum im meinem späteren Ausbildungsbetrieb brach ich meine schulische Ausbildung nach meiner mittleren Reife ab

Welche Zutat verfeinert nahezu jedes Gericht? Ahornsirup / selbst hergestelltes Knoblauchsalz

Ohne welches Küchengerät kommen Sie nicht aus? 6-Platten-Induktionsherd

Wohin möchten Sie unbedingt essen gehen?
Fat Duck England

Liebster Zeitvertreib außerhalb der Küche? Saunieren

Bratwurst mit Senf und Majoran
und bayrischem Kartoffel-Pfifferlings-Salat

Zutaten Würste

250 g fettes Schweinefleisch (z. B. Nacken oder Schulter)

250 g Schweinebauch

1 gestrichener EL Kümmel (ganz)

4 Schalotten, fein gewürfelt

3 Knoblauchzehen, fein gehackt

abgeriebene Schale einer **halben** unbehandelten Zitrone

Salz, Pfeffer

1 kleines Bund Majoran, fein gehackt

3 EL scharfer Senf

Schweinedarm (im Internet bestellen, zum Beispiel über Amazon)

Alternativ: Das Schweinfleisch als Frikadelle braten

Zutaten Kartoffelsalat

500 g mittelgroße Kartoffeln

0,4 l Brühe

2 cl Weißweinessig

1 kleine Zwiebel, geschält und fein gewürfelt

1 gestrichener EL mittelscharfer Senf

250 g Pfifferlinge

4 cl Rapsöl

1 Schalotte, geschält und fein gewürfelt

1 kleines Bund Schnittlauch, fein geschnitten

Salz, Pfeffer

Würste: Das Schweinefleisch und den Schweinebauch grob würfeln und zusammen mit dem Kümmel durch den Fleischwolf (mittlere Scheibe) drehen.

Die Schalotten und den Knoblauch in Olivenöl glasig anschwitzen. Diese auskühlen lassen und dann zum Fleisch geben, ebenso alle anderen Gewürze und Kräuter. Die Fleischmasse herzhaft abschmecken.

Zur Probe am besten eine kleine Frikadelle braten und probieren. Wenn nötig nachwürzen. Durch den Wurstaufsatz vorsichtig in den Darm füllen und zu einer großen Wurstschnecke formen. Würste jeweils abdrehen .

Das Rezept ergibt mehr Würste als benötigt. Diese lassen sich wunderbar für die nächste Grillparty einfrieren.

Kartoffelsalat: Kartoffeln waschen und mit Schale in Salzwasser kochen. Dann schälen und in dünne Scheiben schneiden.

Brühe, Essig, Zwiebeln und Senf in einen Topf geben und auf die Hälfte einkochen lassen. Den heißen Sud über die Kartoffeln geben und ziehen lassen, bis die Kartoffeln die komplette Flüssigkeit aufgesogen haben.

Die Pfifferlinge säubern, dafür mit einer Messerklinge etwaige Verschmutzungen abschaben. Etwas Rapsöl in einer Pfanne erhitzen und darin die Schalotten scharf anbraten und für 5 Minuten weitergaren. Kurz vor Garende die Pilze hinzugeben und mit Salz und Pfeffer würzen.

Die angebratenen Pfifferlinge zusammen mit dem Schnittlauch vorsichtig unter den Kartoffelsalat heben und diesen nochmals kräftig abschmecken.

Christoph Dubois führt zusammen mit Klaus Velten die Kochateliers mit 5 Standorten in und rund um Bonn, kochateliers.de

Pasta mit Reh-Bolognese, Buchenpilzen und jungen Mangoldblättern

für **4** Personen

500 g Rehkeule

200 g Buchenpilzkappen, fein gewürfelt

1 kleine Stange Lauch, fein gewürfelt

Pflanzenöl zum Braten

Salz, schwarzer Pfeffer

Knoblauch

2 EL Tomatenmark

200 ml Wildfond

400 g Pasta (100 g pro Person)

zwei Handvoll Babymangold-Blätter

Das Fleisch der Rehkeule grob wolfen oder mit der Hand in Würfelchen schneiden. Das geht einfacher, wenn man das Fleisch kurz anfriert.

Die Buchenpilzkappen- und Lauchwürfel in etwas Pflanzenöl anbraten. Das Fleisch dazu geben und für ca. 3 Minuten mit anbraten. Mit Salz, schwarzem Pfeffer und einem Hauch Knoblauch würzen. Das Tomatenmark zugeben, leicht anrösten. Mit dem Wildfond aufgießen, einmal aufkochen.

Inzwischen die Pasta nach Packungsangabe kochen. Am besten schmeckt natürlich selbst gemachte Pasta.

Das Fleisch-Ragú nochmal abschmecken. Die Babymangold-Blätter unterziehen, ein paar Blättchen davon zur Deko aufheben.

Die Pasta auf Tellern verteilen, die Sauce auf die Pasta geben, mit Mangoldblättchen verzieren.

Astrid Kuth war Inhaberin und Küchenchefin des Restaurants Strandhaus in Bonn.

Gefüllter Kalbstafelspitz

für **4** Personen

Zutaten Tafelspitz

300 g Steakhüfte, in kleinen Würfeln

3 Karotten

1 kleiner Knollensellerie

½ Stangensellerie

2 EL Petersilie, gehackt

100 ml Sahne

1 kg Kalbsknochen

1 St. Kalbstafelspitz

2 EL Tomatenmark

1 l Spätburgunder

500 ml Portwein

Küchengarn, Garnadel oder Nähnadel

Zutaten Bäckerinkartoffeln und Wilder Brokkoli

750 g Kartoffeln, mehligkochend, geschält

1 Knoblauchzehe

1 EL Butter

225 g Schalotten, geschält, in dünnen Ringen

Salz

Muskatnuss

600 ml Schmorsud

Wilder Brokkoli

● Tafelspitz: Für die Farce die Steakhüftwürfel mit Salz würzen und im Gefrierschrank abgedeckt anfrieren lassen.

● 1 Karotte, ¼ Knollensellerie und 2 Stangen Stangensellerie schälen und in 10 x 10 mm kleine Würfel schneiden. Die Würfel getrennt blanchieren und mit der fein geschnittenen Petersilie zur Seite stellen.

● Die Steakhüftwürfel aus dem Gefrierschrank nehmen und in einer Moulinette mit der Sahne zu einer feinen Farce kuttern. Die Farce mit Salz und Pfeffer abschmecken, das blanchierte Gemüse hinzugeben und alles in einen Spritzbeutel abfüllen. Bis zur weiteren Verwendung kaltstellen.

● Die Kalbsknochen bei 180°C Umluft im Ofen 25 Minuten rösten und bis zur weiteren Verwendung zur Seite stellen.

● Den Tafelspitz an der dicken Seite, zur Spitze hin, wie eine Tasche einschneiden, diese mit der Farce füllen und mit dem Küchengarn und der Nadel zubinden. Den gefüllten Tafelspitz in einem Topf mit etwas Pflanzenöl von allen Seiten sehr gut anbraten.

● Jetzt das restliche Wurzelgemüse würfeln, zugeben und ebenfalls gut anrösten. Tomatenmark hinzugeben und mit dem Rot- und Portwein immer wieder ablöschen und reduzieren lassen. Wenn alles an Port- und Rotwein dazugegeben ist, sollte man einen schönen dunklen Röstansatz erhalten haben.

● Den Tafelspitz und die Knochen in den Topf geben und alles mit Wasser auffüllen, bis es bedeckt ist. Den Ofen auf 150°C Umluft vorheizen, den Topf mit Deckel auf einem Rost in den Ofen stellen und ca. 2 Stunden garen.

● Nachdem der Tafelspitz fertig geschmort ist, den Schmorsud abpassieren und 600 ml für die Bäckerinkartoffeln zur Seite stellen. Die restliche Sauce nach Wunsch noch leicht reduzieren und etwas abbinden.

● **Bäckerinkartoffeln:** Die geschälten Kartoffeln mithilfe eines Küchenhobels in dünne Scheiben schneiden und für 15 Minuten in kaltes Wasser einlegen. Den Backofen auf 180°C Umluft vorheizen. Die Kartoffeln abtropfen lassen.

● Eine Auflaufform mit der Knoblauchzehe ausreiben und mit der Butter einpinseln. Die abgetropften Kartoffelscheiben mit den Schalotten vermischen und mit den Gewürzen nach Belieben würzen. Die Kartoffeln nun in die Auflaufform einschichten, mit dem Schmorfond vom Tafelspitz angießen und für ca. 1,5 Stunden im Ofen backen.

● Den wilden Brokkoli etwas putzen und in kochendem Salzwasser ca. 2 Minuten blanchieren. Vor dem Servieren in etwas Butter erhitzen und mit grobem Meersalz würzen.

Benedikt Frechen ist Inhaber und Küchenchef im Anna Seibert in Rheinbach, anna-seibert.de

Entenbrust

für 4 Personen

Zutaten Entenbrust

2 Entenbrüste (das sind 4 Portionen)

Öl

Salz, Pfeffer

Abrieb von **1** Bio-Limette oder Bio-Zitrone

Zutaten Auberginen-Creme

3 Auberginen

Saft von **1** Zitrone

1 Prise Salz

1 Prise Pfeffer, frisch gemahlen

2 Knoblauchzehen, gepresst

3 EL Olivenöl

Zutaten Teriyaki-Sauce

10 schwarze Pfefferkörner

15 g Ingwer, frisch, geschält, in dünnen Scheiben

100 g brauner Zucker

150 ml Sojasauce plus **4 EL** zum Binden

4 EL Obstessig (z. B. Apfelessig)

2 TL Speisestärke (ggf. mehr)

Zutaten Apfelmarmelade

300 g Apfel, geschält, geraspelt

1 Stück Ingwer, geschält, in kleinen Würfeln

Gelierzucker 2:1 (Menge siehe Packungsangabe)

50 ml Weißwein

50 ml Apfelsaft

Zutaten Rosa Zwiebeln

2 rote Zwiebeln, in dünnen Spalten

Salz

100 ml Reisessig

80 ml Zuckerwasser (**40 ml** Wasser und **40 g** Zucker kurz aufgekocht)

Zutaten karamellisierter Chicorée

2 große Stauden Chicorée

2 EL Zucker

2 kleine Schalotten, geschält, längs halbiert

1 Zweig Thymian, nach Belieben

Salz, Pfeffer

1 TL Weißweinessig

1 EL kalte Butter

Den Backofen auf 140°C Umluft vorheizen.

Entenbrust: Streichen Sie über die Hautseite der Entenbrust: Wenn Sie noch Feder-Kiele spüren, zupfen Sie sie mit einer Küchenpinzette heraus. Auf der Unterseite ggf. Silberhaut, Fett und Sehnen abschneiden, damit die Entenbrust nicht zäh wird. Die Haut der Entenbrust rautenförmig einschneiden, damit beim Braten das Fett austreten kann und die Haut schön kross wird. Dabei nicht ins Fleisch schneiden.

Entenbrust auf der Hautseite in eine kalte Pfanne legen und bei starker Hitze 3–4 Minuten goldbraun braten. Die Fleischseite mit Salz und Pfeffer würzen. Entenbrust wenden und die Fleischseite kurz anbraten. Entenbrust in Alufolie wickeln und im Backofen bei 140°C Umluft zu Ende garen. Die Dauer richtet sich je nach dem Gewicht der Entenbrust: 200 g: 8–10 Minuten, 300 g: 12–15 Minuten, 400 g: 16–18 Minuten. Anschließend aus dem Backofen nehmen und 5 Minuten ruhen lassen.

Entenbrüste mit einem großen, scharfen Messer quer in Scheiben schneiden. Das Fleisch sollte innen zartrosa sein. Zum Servieren etwas Limettenabrieb (oder Zitrone) über die Entenbrust raspeln.

Auberginen-Creme: Den Ofen auf 180°C Umluft vorheizen. Die Auberginen halbieren, die Schnittflächen einölen und auf eine Alufolie legen. Im Ofen etwa 45 Minuten backen, bis die Auberginen schrumpelig werden. Auberginen etwas zerkleinern und in ein Gefäß geben, mit Zitronensaft beträufeln, Salz und frisch gemahlenen Pfeffer und die gepresste Knoblauchzehe dazu geben. Olivenöl hineingeben und mit dem Mixstab alles pürieren, bis eine cremeartige Konsistenz erreicht wird.

Teriyaki-Sauce: Pfefferkörner im Mörser grob zerdrücken. Zucker mit Ingwer, Pfeffer, Sojasauce (150 ml) und Essig in einem kleinen Topf aufkochen und offen bei milder bis mittlerer Hitze 8 Minuten leise kochen lassen. Stärke mit 4 EL Sojasauce glattrühren und die Sauce damit binden. Weitere 2 Minuten leise kochen. Sauce beiseitestellen und

30 Minuten ziehen lassen. Sauce durch ein feines Sieb in ein Schälchen gießen.

Apfelmarmelade: Apfelraspel, Ingwerwürfel, Gelierzucker, Weißwein und Apfelsaft in einen Topf geben und über Nacht ziehen lassen. Dann nach der Anweisung auf der Gelierzuckerpackung weiter fortfahren und die Marmelade zubereiten. In vorbereitete Gläser füllen und verschließen. Oder mit Hilfe eines Mixers zu einer Art Gel weiterverarbeiten.

Rosa Zwiebeln: Die Zwiebelspalten in einem Topf ca. 45 Sekunden in kochendem Wasser blanchieren. Anschließend in ein Sieb schütten und vorsichtig mit Salz einreiben. In ein Glas oder diverses Gefäß geben und mit Reisessig und Zuckerwasser übergießen. 24 Stunden kaltstellen und fertig. Durch die Säure des Essigs lösen sich die Farbstoffe der Zwiebelschichten und färben alles andere schön rosa.

Karamellisierter Chicorée: Den Chicorée waschen, putzen und längs halbieren. Wer möchte, schneidet den Strunk keilförmig so heraus, dass die Blätter noch zusammenhalten. Den Zucker in einer beschichteten Pfanne bei mittlerer Hitze goldgelb karamellisieren lassen. Pfanne vom Herd nehmen und die Chicorée-Stauden sofort vorsichtig mit den Schnittseiten nach unten in den Karamell drücken (Achtung, das zischt). Schalotten und nach Wunsch den Thymian dazugeben, salzen und pfeffern.

Die Pfanne wieder auf den Herd stellen und alles offen bei kleiner Hitze ca. 15 Minuten dünsten, dabei Chicorée und Schalotten nach etwa der Hälfte der Zeit wenden. Essig dazugeben, 1 Minute mitdünsten, dann die Butter unterrühren, mit Salz und Pfeffer abschmecken und sofort servieren.

Christian Sturm-Willms ist Küchenchef im Restaurant Yunico im Kameha Grand Bonn, www.kamehabonn.de

Steckbrief

Benedikt Frechen

Stationen: Königshof Bonn, Il Punto Bonn, Atlantic Hamburg, Quellenhof Aachen, Clostermanns Le Gourmet und Hotel Clostermannshof.

Kontaktdaten des Restaurants: Restaurant Anna Seibert, Am Bürgerhaus 5, 53359 Rheinbach

Kochstil? Kraftvolle Küche mit bodenständigen hochwertigen Produkten

Wein oder Bier? Wein

Unvergessliches Gericht aus der Kindheit? Roulade mit Bergkäsepüree

Wie sind Sie zum Kochen gekommen? Über meine Großmutter

Welche Zutat verfeinert nahezu jedes Gericht? Frische Kräuter

Ohne welches Küchengerät kommen Sie nicht aus? Kartoffelpresse

Wohin möchten Sie unbedingt essen gehen? Dorthin wo frisch und lecker gekocht wird und meine Frau dabei ist.

Liebster Zeitvertreib außerhalb der Küche? Meine Familie und unser Garten

Christian Sturm-Willms

Stationen: Yunico Japanese Fine Dining, Landhaus Stricker, Sylt, Alpenhof Dengg, Hintertux, Interalpen Hotel Tirol, Landhaus Sommerhausen, Much, Kranz Parkhotel, Siegburg

Kontaktdaten des Restaurants: Yunico-Japanese Fine Dining, Kameha Grand Bonn, Am Bonner Bogen 1 532274 Bonn-Oberkassel, 0228/4334-5500

Kochstil? Japanisch / Französisch

Wein oder Bier? Wein & Sake

Unvergessliches Gericht aus der Kindheit? Geschnetzeltes vom Huhn mit Salbei

Wie sind Sie zum Kochen gekommen? Ich habe schon früh angefangen zu kochen und dies hat sich dann durch die ersten Praktika vertieft.

Welche Zutat verfeinert nahezu jedes Gericht? Sojasauce

Ohne welches Küchengerät kommen Sie nicht aus? Messer; Kitchen Aid; Thermomix

Wohin möchten Sie unbedingt essen gehen? Ein Kaiseki Restaurant in Kyoto/Japan

Liebster Zeitvertreib außerhalb der Küche? Flugzeuge, Spazieren gehen, Reisen

Eifler Rehrücken

mit Rahmwirsing, Apfel, Preisel-beeren und Selleriepüree

für **4** Personen

Zutaten Rehrücken

500 g sauber parierter Rehrücken

Meersalz, Pfeffer

50 g Butter

1 Knoblauchzehe

2 Zweige Thymian

Zutaten Sauce

1000 g Rehknochen, angeröstet

300 g Mire Poix

3 Schalotten, in feinen Würfeln

1 EL Tomatenmark

700 ml kräftiger Rotwein, am besten von der Ahr

200 ml roter Portwein

1 EL brauner Zucker

1 Lorbeerblatt

1 Zweig Thymian

10 Wacholderbeeren

5 Pfefferkörner

1 Nelke

1 l Bratensauce oder Schmorfond

80 g Wildpreiselbeeren

Zutaten Rahmwirsing

200 g Wirsing, geputzt, gewaschen, geschnitten

1 EL feine Würfel von geräuchertem Speck

1 TL feine Schalottenwürfel

½ TL Butter

100 g Crème double

Salz, Pfeffer, Muskat

Zutaten Apfelscheiben

10 g Butter

10 g Zucker

4 Apfelscheiben (am besten Gala)

1 Schuss Weißwein

1 Schuss Apfelsaft

1 Schuss Calvados

Zutaten Selleriepüree

500 g Sellerie, in Stücken

100 g Butter

50 g helle Gemüsebrühe

½ TL Salz

Cayennepfeffer

1 Zitrone

Rehrücken: Reh portionieren auf ca. 125 g. Den Rücken salzen und kurz scharf anbraten. Jetzt 8 Minuten bei 130°C Umluft im Ofen garen. Anschließend 15 Minuten ruhen lassen.

Kurz vor dem Anrichten Butter in einer Pfanne aufschäumen lassen, Knoblauchzehe und Thymian dazugeben. Jetzt den Rehrücken darin nachbraten (ca. 1 Minute).

Für die Sauce: Die Knochen im Ofen bei 180°C Umluft für 1 Stunde rösten. Mire Poix und Schalotten in einem Topf mit etwas Öl scharf anbraten, Tomatenmark dazugeben und mit anrösten. Jetzt mit Rotwein mehrmals ablöschen und mit Portwein einkochen. Braunen Zucker und Gewürze zugeben, mit Bratensauce oder Schmorfond auffüllen und ca. 1,5 Std. leicht köcheln lassen. Die Sauce durch ein feines Sieb passieren und mit kalter Butter und evtl. Kartoffelstärke auf die gewünschte Konsistenz bringen.

Rahmwirsing: Wirsing in gut gesalzenem Wasser ca. 1 Minute kochen, danach direkt in Eiswasser abschrecken und abgießen. Jetzt zwischen einem Tuch trocken tupfen. Speck und Schalottenwürfel in einer Pfanne mit etwas Öl und Butter anbraten, Crème double dazugeben und etwas reduzieren. Nun den Wirsing dazugeben und mit Salz, Pfeffer und Muskat würzen.

Apfelscheiben: Butter und Zucker in einer Pfanne karamellisieren lassen und die Apfelscheiben darin von beiden Seiten anbraten. Mit Weißwein, Apfelsaft und Calvados ablöschen und warmhalten.

Selleriepüree: Sellerie salzen und mit etwas Butter und Brühe weich dünsten. Anschließend mixen und mit Salz, Cayennepfeffer und Zitronensaft abschmecken.

Oliver Röder ist Geschäftsführender Gesellschafter und Küchenchef in der Landlust auf Burg Flamersheim, burgflamersheim.de

Chorizo al Vino Blanco,

Aioli, Avocado-Salat mit Birne und Manchego, Scharfes Tomatensüppchen mit Chili, Fladenbrot

für **4** Personen

Zutaten Avocadosalat

1 reife Avocado, geschält

1 reife Birne, geschält

20 g Manchego

1 Bund Rucola

Saft von einer **halben** Zitrone

1 EL Zitronen-Öl

2 EL Olivenöl

10 g geröstete Pinienkerne

Basilikumblätter

Gewürzmischung (empfehlenswert: Kochateliers Gewürzter Pfeffer „Manche mögen's heiß" mit Fleur de Sel, schwarzem Pfeffer, Knoblauch, Paprika, Zitrone

Zutaten Tomatensüppchen

1 Zwiebel, geschält, gewürfelt

1 Knoblauchzehe, geschält, gewürfelt

1 kleine Chilischote, gewürfelt

2 Stangen Staudensellerie, gewürfelt

½ Stange Lauch, gewürfelt

2 EL Tomatenmark

1 TL brauner Zucker

100 ml Rotwein

1 Dose geschälte Tomaten (500 g)

5 reife Tomaten, gewürfelt

1 l Gemüsebrühe

Thymian und Rosmarin

Gewürzmischung (empfehlenswert: Kochateliers Gewürzter Pfeffer „Manche mögen´s heiß" und Kochateliers Tomaten-Paprika-Salz „Aufgepeppt")

Olivenöl

Zutaten Chorizo al Vino Bianco

2 rohe Chorizo-Würste (kleine, pikante spanische Paprikawurst)

100 ml trockener Weißwein

Petersilie

Zutaten Fladenbrot

20 g Hefe

200 ml lauwarmes Wasser

300 g Mehl, Type 550

2 EL Olivenöl

1 Prise Salz

Sesamsaat

schwarze Zwiebelsaat (Schwarzkümmel)

● **Avocadosalat:** Avocado und Birnen in dünne Spalten schneiden. Manchego mit dem Sparschäler hobeln. Rucola waschen und trockenschleudern.

● Zitronensaft mit Zitronenöl, Olivenöl, Salz, Pfeffer und einer Prise Zucker vermischen. Nun alle Zutaten in eine Schüssel geben, mit dem Dressing marinieren und gut vermischen.

● Auf eine Platte anrichten und mit Basilikum garnieren.

● **Tomatensüppchen:** Chilischote, Zwiebeln, Knoblauch, Sellerie und Lauchwürfel in Olivenöl glasig anschwitzen. Tomatenmark und Zucker hinzugeben und leicht karamellisieren lassen. Mit Rotwein ablöschen.

● Dosentomaten, gewürfelte frische Tomaten und Gemüsebrühe in den Topf geben. 20 Minuten köcheln lassen, fein pürieren und abschmecken. Kräuter fein hacken und damit die Suppe garnieren.

● **Chorizo al Vino Bianco:** Chorizo mit einer Gabel ringsum einstechen und in 1 cm dicke Scheiben schneiden. Die Wurststücke zusammen mit dem Weißwein in eine feuerfeste Form geben und im Umluft-Ofen oder auf dem Grill bei 200 °C für 20 Minuten garen. Vor dem Servieren mit fein geschnittener Petersilie garnieren.

● **Fladenbrot:** Die Hefe im lauwarmen Wasser auflösen und zusammen mit Mehl, Olivenöl und Salz verkneten.

● Den Teig ½ Stunde gehen lassen, dann zu einem Fladen formen und nochmals 20 Minuten gehen lassen.

● Mit Wasser bepinseln und mit Sesam und schwarzer Zwiebelsaat bestreuen. Bei 210 °C Umluft etwa 25 Minuten backen.

Christoph Dubois führt zusammen mit Klaus Velten die Kochateliers mit fünf Standorten in und rund um Bonn, kochateliers.de

Oliver Röder

Stationen: Michael Fell / Egerner Höfe
Gerd Eis / Restaurant Ente in Wiesbaden

Kontaktdaten des Restaurants: Landlust Burg
Flamersheim, Burg Flamersheim 0,
53881 Euskirchen / Flamersheim

Kochstil? deutsch-französisch, weltoffen

Wein oder Bier? Bier

Unvergessliches Gericht aus der Kindheit? Schnitzel
mit Gurkensalat und Salzkartoffeln

Wie sind Sie zum Kochen gekommen? Meine Groß-
eltern hatten ein Hotel und da liegt es irgendwie im
Blut.

Welche Zutat verfeinert nahezu jedes Gericht?
Salz ;-)

Ohne welches Küchengerät kommen Sie nicht aus?
Messer

Wohin möchten Sie unbedingt essen gehen?
Restaurant Alchemist in Kopenhagen

Liebster Zeitvertreib außerhalb der Küche? Familie

Christoph Dubois

Stationen: u.a. Sternerestaurants in Deutschland, Stationen in Schottland, England, Österreich. Privatkoch für 3 verschiedene Familien

Kontaktdaten des Restaurants: KochateliersVelten & Dubois GbR, Friesdorfer Straße 140, 53173 Bonn

Kochstil? Fingerfood-Gerichte, Mezze, Orientalische Küche (da Privatkoch für eine arabische Familie). Ich liebe Gerichte, die in der Tischmitte stehen und gemeinsam geteilt werden. Das ist für mich kulinarische Geselligkeit.

Wein oder Bier? Ganz klar Wein!

Unvergessliches Gericht aus der Kindheit? Selleriefrikadellen mit Tomaten-sauce – ein sensationell schmackhaftes, vegetarisches Gericht.

Wie sind Sie zum Kochen gekommen? Als zehnjähriger Junge habe ich meiner Mutter in der Küche geholfen und darüber die Liebe zum Kochen ent-deckt. Einige Jahre später habe ich mir mein erstes Geld als Ferienjob in einer Hotelküche verdient....

Welche Zutat verfeinert nahezu jedes Gericht? Knoblauch! Ob gekocht, roh oder am liebsten goldbraun geröstet!

Ohne welches Küchengerät kommen Sie nicht aus? Es mag vielleicht etwas altmodisch klingen, aber der gute alte Dampfdrucktopf erleichtert und be-schleunigt so manchen Arbeitsschritt.

Wohin möchten Sie unbedingt essen gehen? „French Laundry" in Yountville, Kalifornien bei Chefkoch Thomas Keller

Liebster Zeitvertreib außerhalb der Küche? Reisen im Mittelmeerraum, womit wir wieder bei den Mezze wären :-)

Chicken Karaage

für **2** Personen

Zutaten Hühnchen

450 g Hühnchenbrust (oder ausgelöste Hühnchenschenkel)

1 große Knoblauchzehe

50 ml Sojasoße

50 ml Mirin (süßer Reiswein als Würzsoße)

75 g Weizenmehl

75 g Katakuriko (Kartoffelstärke)

1 TL Salz

½ TL Pfeffer

500 ml Öl (zum Beispiel Sonnenblumen- oder Rapsöl)

Zutaten Mayonnaise

200 g Mayonnaise (wer möchte, am besten selbst gemachte)

1 kleine Zwiebel, klein gehackt

1 TL Reisessig

1 TL Zucker

¼ TL Pfeffer

1 TL Sesam

½ TL Chili-Pulver oder Chili-Sauce

Christian Sturm-Willms ist Küchenchef im Restaurant Yunico im Kameha Grand Bonn, www.kamehabonn.de

Als erstes die Hühnchenbrust unter fließendem Wasser abwaschen und mit einem Küchenpapier sehr gründlich abtupfen. Dann in kleinere, mundgerechte Stücke (circa 3 bis 4 cm große Würfel) schneiden. Die Fleischwürfel in einen verschließbaren Behälter legen und mit Salz sowie Pfeffer würzen.

Den Knoblauch mit dem Messerrücken leicht andrücken, anschließend die Haut entfernen und direkt in den Behälter mit dem Hühnchen fein reiben (zum Beispiel mit einer feinen Küchenreibe). Außerdem Sojasoße und Mirin hinzufügen. Alles miteinander verrühren. Das Hühnchen sollte gut bedeckt sein – bei Bedarf mit Sojasoße und Mirin zu gleichen Teilen auffüllen. Den Behälter schließen und das Hühnchen für 1 Stunde im Kühlschrank marinieren.

In der Zwischenzeit für die Mayonnaise, Mayonnaise, klein gehackte Zwiebeln, Reisessig, Zucker, Pfeffer und Sesam, Chili- Pulver oder Sauce in einer Schüssel mischen und bis zum Servieren ebenfalls in den Kühlschrank stellen.

Nach der Marinier-Zeit in einer Schüssel das Weizenmehl mit der Kartoffelstärke vermischen. Es funktioniert auch mit anderer Stärke, allerdings wird die Panade mit 100-prozentiger Kartoffelstärke knuspriger. Das Hühnchen aus dem Kühlschrank nehmen und die einzelnen Teile (leicht abgetropft) in die Mehlmischung legen. Mit den Händen das Hühnchen gut mit dem Mehl vermischen, sodass jedes Stück von der Panade ummantelt ist.

In einem tieferen Topf das Öl auf 175°C erhitzen. Das Öl während des Frittierens mit einem Küchenthermometer kontrollieren, da das Öl stets zwischen 160–180°C heiß sein sollte für ein perfektes Ergebnis. Sobald das Öl die richtige Temperatur erreicht hat, jeweils 6 Hühnchen-Stücke vorsichtig in den Topf gleiten lassen und für 4 Minuten frittieren (ggf. währenddessen etwas wenden, damit alle Seite schön braun werden).

Dann vorsichtig aus dem Öl heben und auf ein bereitgelegtes Küchenpapier zum Abtropfen legen. Das Frittieren solange wiederholen, bis das Hühnchen aufgebraucht ist – zwischen den Frittier-Runden die Öltemperatur kontrollieren und mindestens wieder auf 160°C steigen lassen.

Das fertige Karaage zusammen mit dem Chili-Mayonnaisen-Dip, Sojasoße und frisch gekochtem Reis und ein paar Condiments servieren.

Gesottenes Wildschwein, zweierlei Rosenkohl, Senfschaum

für **4** Personen

Zutaten Wildschwein

1 l Gemüsebrühe

3 Nelken

3 Lorbeerblätter

10 Wacholderbeeren

8 Pfefferkörner

1 kleine weiße Zwiebel

Meersalz

400 g Wildschweinfilet, sauber pariert

Zutaten Rosenkohl

300 g Rosenkohl

30 ml Gemüsebrühe

40 g guter Bachspeck, fein gewürfelt und kross ausgebraten

1 Schalotte, fein gewürfelt und in Butter angezogen

30 g hochwertiger Zitronenessig

25 g Rapsöl

Zutaten Senfschaum

400 ml Sahne

80 g Monschauer Ur-Senf

Meersalz, Pfeffer, Zucker

Zitronensaft

● **Wildschwein:** Gemüsebrühe in einen Topf geben, alle Gewürze dazugeben und mit Salz kräftig abschmecken. Jetzt das magere Wildschweinstück dazugeben, auf ca. 64 °C erhitzen und 1 Stunde ziehen lassen.

● Kochen Sie anschließend den Fond auf, und legen Sie das Filet in den heißen Fond. Dann für eine Stunde den Topf samt Inhalt bei 70 °C Umluft in den vorgeheizten Ofen geben.

● **Rosenkohl:** Die äußeren Blätter vom Rosenkohl ablösen und sammeln, diese werden für den Salat benötigt. Die Herzen halbieren. Die Rosenkohlhälften in etwas Pflanzenöl anbraten, mit Brühe ablöschen und dünsten. Den Speck und die Schalottenwürfel dazugeben und alles mit Salz und Pfeffer würzen. Etwas frische feingehackte Petersilie darüberstreuen und fertig. Die äußeren Blätter vom Rosenkohl mit Essig und Öl marinieren. Bei Bedarf noch mit Salz und Pfeffer nachwürzen.

● **Senfschaum:** Sahne und Senf miteinander aufkochen, abschmecken. Vor dem Anrichten mit einem Stabmixer etwas aufschäumen. Senfschaum mit Zitronensaft, Salz, Zucker und Pfeffer abschmecken.

● Den gebratenen Rosenkohl in die Mitte der Schüssel geben. Das Wildschweinfilet in Scheiben schneiden und auf den Rosenkohl legen. Etwas von dem Rosenkohlsalat darüber verteilen. Nun drei Esslöffel von der aufgeschäumten Sauce dazugeben.

Oliver Röder ist Geschäftsführender Gesellschafter und Küchenchef in der Landlust auf Burg Flamersheim, burgflamersheim.de

Lamm im Beet

für **4** Personen

Zutaten eingelegte schwarze Johannisbeeren

100 g schwarzer Johannisbeeren-Nektar

3 EL Waldhonig

2 lange Pfefferkörner, gemahlen

2 Zweige Thymian

Salz, Pfeffer

100 g schwarze Johannisbeeren (Blüten und Stiele entfernt)

Zutaten Lamm

4 Stücke (je 100 g) Lammrücken

Salz

Rapsöl zum Anbraten

20 g Butter

je **2 Zweige** Thymian und Rosmarin

Zutaten Lammsauce

50 g Schalottenwürfel

4 Zweige Thymian

150 g Butter

30 g Mehl

100 g Spätburgunder

200 g Lamm-Fond

Salz

Zutaten Möhrenpüree

400 g Möhren

100 g Kartoffeln

50 g Zwiebelwürfel

75 g Butter

Salz, gemahlener weißer Pfeffer

50 g Sahne

Zutaten Mangold

50 g Zwiebelringe

30 g Butter

50 g Riesling

100 g Gemüsefond

200 g Mangold (grob geschnitten)

Salz, Pfeffer

Eingelegte schwarze Johannisbeeren: Die eingelegten schwarzen Johannisbeeren am besten am Vortag herstellen. Den Nektar mit den Gewürzen zu einem Sud aufkochen. Die Johannisbeeren zugeben. In ein Weck-Glas abfüllen und im Kühlschrank aufbewahren.

Lamm: Die Lammrücken von allen Seiten salzen. Auf höchster Stufe in dem Öl scharf anbraten. In eine Auflaufform umfüllen und die Butterflocken, Thymian- und Rosmarin-Zweige dazugeben. Im vorgeheizten Backofen bei 180 °C Heißluft 10–15 Minuten garen.

Lammsauce: Schalotten mit den Thymianzweigen glasig anschwitzen.

Mit dem Mehl eine Mehlschwitze herstellen. Dafür die Butter bei schwacher Hitze in einem Topf zerlassen. Geschmolzene Butter mit Mehl bestäuben und unter ständigem Rühren 2–3 Minuten anschwitzen, bis eine cremige und glatte Masse entsteht. Sofort nach dem Anschwitzen der Mehlbutter mit Spätburgunder ablöschen und den Lamm-Fond mit einem Schneebesen einrühren und unter ständigem Rühren aufkochen.

Die Thymianzweige entfernen. Die fertige Sauce mit Salz abschmecken.

Möhrenpüree: Die Möhren und Kartoffeln schälen und bei den Möhren das Grün entfernen. Alles in wallnussgroße Stücke schneiden. Die Zwiebelwürfel in der Butter glasig anschwitzen. Kartoffeln und Möhren zugeben. Mit Salz und Pfeffer würzen und mit Sahne aufgießen. Bei geschlossenem Deckel ca. 20 Minuten auf kleiner Stufe garen. Alles in der Kartoffelpresse pressen.

Mangold: Die Zwiebelringe in der Butter anschwitzen. Mit Riesling ablöschen. Mit Gemüsefond auffüllen und zur Hälfte einreduzieren. Den Mangold zugeben und unterrühren. Mit Salz und Pfeffer würzen und in dem Sud garen.

Robert Bösel ist Küchenchef im Restaurant Thüres im Gutsausschank des Weinguts Sermann in Altenahr, www.sermann.de

Boeuf Bourguignon

für **4** Personen

800 kg Rindfleisch (z. B. Schulter oder Wade), in Würfeln

150 g Speck, in kleinen Würfeln

2 Zwiebeln, in Würfeln

2 Karotten, geschält, in Würfeln

2 Knoblauchzehen, in Würfeln

2 EL Tomatenmark

2 EL Mehl

1 Flasche Rotwein (ein guter, aber nicht zu teurer)

400 ml Rinderbrühe

2 Lorbeerblätter

4 Zweige Thymian

2 Zweige Rosmarin

250 g Champignons, geputzt, geviertelt

Salz und Pfeffer

Öl zum Braten

Die Rindfleischwürfel mit Salz und Pfeffer würzen.

Die Speckwürfel in einem großen Topf oder Bräter auslassen. Das Fleisch in diesem ausgelassen Fett anbraten und wieder aus dem Topf nehmen.

Zwiebel-, Karotten- und Knoblauchwürfel ebenfalls im Topf anbraten, Tomatenmark dazugeben und mitrösten, dann mit Mehl bestäuben und weiteranbraten.

Nun mit Rotwein und Rinderbrühe ablöschen.

Lorbeerblätter, Thymian und Rosmarin dazugeben und das Fleisch wieder in den Topf geben. Zugedeckt bei schwacher Hitze für ca. 3 Stunden schmoren lassen.

Nun die Champignons anbraten und hinzugeben. Nochmals abschmecken.

Anrichten

Das geschmorte Rindfleisch glasiert mit der Sauce auf den Teller geben, etwas Kartoffelpüree und nochmals frisch sautiertes Gemüse dazugeben. Wir nehmen Perlzwiebel, Brokkoli, Knollenziest, junge Möhrchen und Sellerie. Für einen unterstützenden Schmelz noch etwas geflämmtes Ochsenmark hinzugeben.

Matthias Pietsch ist Küchenchef im Bonner Restaurant Redüttchen, reduettchen.de

Robert Bösel

Stationen:
Landlust Burg Flamersheim 2016-2019 (Kochausbildung /JRE Genusshandwerker)
Internationales Weininstitut Bad Neunahr Ahrweiler 2019
Posthotel Alexander Hermann 2020/2021
Landlust Burg Flamersheim 2021/2022 (Im Service)
Nach der Flut ins Ahrtal 2022

Kontaktdaten des Restaurants: Thüres Restaurant, Seilbahnstraße 22, 53505 Altenahr

Kochstil? Naturverbundene regionale Produkte kreativ auf den Teller gebracht

Wein oder Bier? Ein Glas guter Riesling

Unvergessliches Gericht aus der Kindheit? Die Forelle Müllerin meiner Oma

Wie sind Sie zum Kochen gekommen? Es waren die Zutaten aus dem Garten und der Natur, die mich motiviert haben.

Welche Zutat verfeinert nahezu jedes Gericht? Ein paar gute Salzflocken

Ohne welches Küchengerät kommen Sie nicht aus? Thermomix und Spülmaschine :)

Wohin möchten Sie unbedingt essen gehen?
Das Fäviken von Magnus Nilsson

Liebster Zeitvertreib außerhalb der Küche? Außerhalb der Küche findet man mich mit der Nase in einem Buch oder beim Klettern.

Steckbrief

Matthias Pietsch

Stationen: Ausbildung Restaurant Museum, Tübingen
Landgasthof Adler, Rammingen
Restaurant Mathias Dahlgren, Stockholm
Restaurant Vendôme, Bensberg
Restaurant La Vision, Köln
Restaurant Lago, Ulm

Kontaktdaten des Restaurants: Restaurant Redüttchen und La Redoute, Kurfürstenallee 1, 53177 Bonn
Tel. 022868898840
Email: willkommen@reduettchen.de
www. Reduettchen.de

Kochstil? Moderne deutsche Küche mit internationalen Einflüssen

Wein oder Bier? Wein

Unvergessliches Gericht aus der Kindheit? Linsen mit Spätzle und Wiener Würstchen

Wie sind Sie zum Kochen gekommen? Schulpraktikum

Welche Zutat verfeinert nahezu jedes Gericht? Gutes Salz

Ohne welches Küchengerät kommen Sie nicht aus? Messer

Wohin möchten Sie unbedingt essen gehen?
Restaurant Frantzen

Liebster Zeitvertreib außerhalb der Küche? Zeit mit der Familie

Hirsch-Involtini auf Wildkräuter- und Feldsalat
mit karamellisierten Zwetschgen und Walnüssen

als Vorspeise für 4 Personen

Zutaten Involtini

400 g Hirschrücken, sehr sauber pariert

8 dünne Scheiben Coppa-Schinken (luftgetrockneter, durchwachsener Schinken aus dem Schweinenacken, alternativ: sehr guter, handwerklich hergestellter Schinkenspeck)

8 zarte Blättchen frischer Salbei

Salz, Pfeffer

Zutaten Salat und Dressing

250 g Feldsalat

250 g Wildkräuterblätter

1 EL grober Senf

3 EL dunkler Balsamico

2 EL Nussöl

4 EL Pflanzenöl oder Olivenöl

Salz, Pfeffer

Zutaten Zwetschgen

brauner Zucker

12 Zwetschgen

3 EL Balsamico

1 Messerspitze Zimtpulver

1 Messerspitze Chilipulver (z. B. Piment d'Espelette)

2 zerstoßene Pimentkörner

Zutaten Nüsse

1 EL Puderzucker

1 EL Ahornsirup

Chilipulver

Curry

50 g grob gehackte Walnusskerne

Involtini: Das Hirschfleisch in 8 dünne Scheiben schneiden und diese leicht zwischen 2 Lagen Frischhaltefolie flach klopfen. Falls der Rückenstrang sehr dick ist, daraus 4 Scheiben schneiden und diese dann noch mal teilen, damit die Scheiben nicht zu groß sind. Die Fleischscheiben mit je einer Scheibe Coppa und einem Salbeiblatt belegen. Leicht pfeffern, aufrollen und mit einem Zahnstocher zusammenstecken, von außen salzen und pfeffern.

Salat und Dressing: Salate gut verlesen und waschen, trockenschleudern. Alle Zutaten für das Dressing miteinander verrühren.

Zwetschgen: Ein Backblech dünn mit braunem Zucker bestreuen und, damit es richtig heiß wird, in den vorgeheizten Backofen (180°C Umluft) schieben. Die Zwetschgen halbieren, mit der Schnittfläche nach unten auf das heiße Backblech legen, ca. 5 Minuten im Backofen garen.

Balsamico, Zimtpulver, Chilipulver und zerstoßene Pimentkörner mischen und die heißen Pflaumen damit einpinseln.

Nüsse: Puderzucker, Ahornsirup, Chilipulver und etwas Curry in einer Schüssel vermischen, grob gehackte Walnusskerne zugeben und so lange vorsichtig wenden, bis sie von dem Sirup vollständig eingehüllt sind. Im Backofen bei 150°C Umluft ca. 10 Minuten karamellisieren. Vorsicht, zum Ende der Zeit können die Nüsse ziemlich plötzlich verbrennen.

Die Röllchen in einer beschichteten Pfanne in etwas Pflanzenöl rundherum anbraten, dann für ca. 8 Minuten im vorgeheizten Backofen zu Ende garen (150°C Umluft).

Anrichten

Den Salat mit dem Dressing marinieren, auf Tellern anrichten. Die Röllchen auflegen (Stäbchen rausziehen, gegebenenfalls diagonal halbieren) und die abgekühlten Pflaumenhälften dazulegen. Den Pflaumen-Balsamico-Saft mit darüber träufeln. Karamellisierte Walnüsse darüber streuen. Wer mag, kann noch einige Salbeiblättchen in Butter knusprig ausbraten und in den Salat stecken.

Astrid Kuth war Inhaberin und Küchenchefin des Restaurants Strandhaus in Bonn. www.strandhausbonn.de

Gnocchi mit Gorgonzola-Sauce,
Landschinken, Kürbiskernen und Trauben

für **4** Personen

Zutaten Gnocchi

500 g mehligkochende Kartoffeln

100 g Mondamin

3 Eigelb

Salz, Pfeffer, Muskat

Zutaten Gorgonzola-Sauce

250 g Sahne

150 g Gorgonzola

1 Spritzer Limettensaft

Salz, Pfeffer

Petersilien-Julienne

Zutaten karamellisierte Kürbiskerne

100 g Zucker

25 g Wasser

200 g Kürbiskerne

10 g Butter

1 Prise Salz

Weitere Zutaten

100 g rote kernlose Trauben

100 g fein aufgeschnittener italienischer Landschinken (den Schinken erwerben Sie am besten beim Metzger Ihres Vertrauens; wir haben uns diesmal für Prosciutto Crudo entschieden)

Gnocchi: Kartoffeln schälen und in gut gesalzenem Wasser weichkochen. Abgießen und gut abdämpfen lassen. Pressen und mit Mondamin, Eigelb, Salz, Pfeffer, Muskat zu einem glatten Teig verarbeiten. Den Teig auf einer leicht bemehlten Arbeitsfläche zu einer circa 3 cm dicken Wurst rollen. Daumenbreite Stücke abstechen, in der Hand rund formen und über einem Gabelrücken abrollen. Abdecken und kaltstellen.

Die Gnocchi vor dem Servieren in siedendem Salzwasser garen. Sie sind fertig, wenn sie an die Oberfläche schwimmen.

Gorgonzola-Sauce: Die Sahne erwärmen und den Gorgonzola einmixen. Auf gewünschte Konsistenz und Intensität reduzieren. Erst danach mit Salz, Pfeffer und Limettensaft abschmecken.

Karamellisierte Kürbiskerne: Zucker und Wasser in eine beschichtete Pfanne geben und aufkochen. Kürbiskerne hinzufügen und bei mittlerer Hitze unter ständigem Rühren karamellisieren (haben Sie ein wenig Geduld dabei). Sobald die Kürbiskerne karamellisiert sind, Butter und Salz hinzugeben, gut vermischen und auf ein Backpapier zum Auskühlen geben. Die Kürbiskerne möglichst trennen.

Weintrauben waschen und vierteln.

Gnocchi garen und die Sauce in einem Topf erwärmen. Vorsichtig die Gnocchi mit einem Schaumlöffel in die Sauce geben, Petersilie-Julienne hinzugeben und vorsichtig umrühren. In der Mitte eines tiefen Tellers drapieren und mit Kürbiskernen und Weintrauben garnieren. Zum Schluss den Schinken mittig auf die Gnocchi setzen.

Paul Heuser ist Küchenchef im Restaurant Feinschliff in Sinzig, www.restaurant-feinschliff.de

Entenbrust „Berliner Art":
Rosa gebraten mit Apfelessigjus, geschmolzener Blutwurst, Kartoffelpüree, glasiertem Apfel und gebackenen Schalotten

für 4 Personen

Zutaten Kartoffelpüree

500 g festkochende Kartoffeln, geschält, geviertelt

150 ml Sahne

50 g Butter

½ Muskatnuss

Salz

Zutaten Apfel & Zwiebel

4 Zwiebeln, geschält, in feinen Ringen

4 EL Butter

1 EL Honig

1–2 EL Weißweinessig

2 Äpfel, säuerlich, in 10 mm Würfeln

50 ml weißer Portwein

1 Zitrone

frisch gemahlener Pfeffer, Salz

Blattpetersilie und Schnittlauch

Zutaten Entenbrust

400 g Entenbrust (2 Stk.)

1 EL Butterschmalz

2 EL Butter

20 g Thymian

2 Zehen Knoblauch

frisch gemahlener Pfeffer, Salz

Zutaten Blutwurst

120 g Blutwurst

Kartoffelpüree: Die Kartoffeln im Dämpfaufsatz über einem gesalzenen Wasserbad für 15–20 Minuten garen. Anschließend die Kartoffeln durch die Kartoffelpresse drücken und mit Sahne und Butter verfeinern. Mit Salz und frisch geriebener Muskatnuss abschmecken.

Apfel und Zwiebel: Zwiebeln schälen, in feine Ringe schneiden und in der Hälfte der Butter zusammen mit dem Honig langsam karamellisieren. Sobald die Zwiebeln eine goldbraune Farbe angenommen haben, mit Weißweinessig ablöschen, salzen und zur Seite stellen.

Die Apfelwürfel in der übrigen Butter von beiden Seiten golden anbraten, mit weißem Portwein und Zitronensaft ablöschen, Petersilie und Schnittlauch hinzugeben und einige Minuten reduzieren lassen. Mit frisch gemahlenem Pfeffer würzen.

Entenbrust: Die Entenbrust auf der Hautseite rautenförmig einschneiden, bei niedriger Hitze in Butterschmalz goldbraun anbraten, dann wenden und aus der Pfanne nehmen. Für ca. 8 Minuten ruhen lassen. Dann frische Butter, Thymian und Knoblauch in die Pfanne geben und die Entenbrust darin knusprig, goldbraun anbraten. Anschließend mit Meersalz und Pfeffer würzen.

Blutwurst und Kartoffelpüree nebeneinander in den Teller geben, Apfelwürfel mit frisch geschnittener Blattpetersilie, Schnittlauch und Zwiebeln darauf verteilen, dann die Entenbrust in dünne Tranchen schneiden und darauf arrangieren.

Mit gebackenen Schalotten-Ringen und gepickelten Silberzwiebeln garnieren. Etwas frische Bachkresse sorgt für eine pikante Schärfe. Wir geben noch Apfelessigjus dazu.

Matthias Pietsch ist Küchenchef im Bonner Restaurant Redüttchen, reduettchen.de

Spanferkel aus dem Münsterland,
mit fermentiertem Rhabarber, Erbsen, Morcheln und grünem Spargel

für 4 Personen

Zutaten Spanferkel

600 g Spanferkelbauch ohne Knochen

500 ml Ferkelfonds oder Geflügelbrühe

400 g Spanferkelkeule ohne Knochen

200 g Spanferkelfilet

Salz und Pfeffer

Sojasoße

Saft von Yuzu (japanische Zitrone, alternativ Zitrone)

Zutaten Fermentierter Rhabarber

500 g Rhabarber, in kleinen Würfeln

50 ml weißer Balsamico

20 g Salz

200 g Zucker

100 g Himbeeren

Prise weißer Pfeffer

Johannesbrotkernmehl zum Binden

Zutaten Erbsencreme

20 g Schalotten, in feinen Würfeln

25 g Butter

100 g Erbsen

50 ml Sahne

Salz und Pfeffer

Zutaten Bachkresseöl

100 g Bachkresse (auch Brunnenkresse)

100 g Rapsöl

Zum Anrichten:

20 g feine Schalottenwürfel

etwas Butter zum Braten

100 g frische Morcheln

100 g grüner Spargel

20 g Zuckererbsen in der Schote

80 g frische Erbsen

frische Erbsenkresse

Spanferkel: Den Ferkelbauch mit der Schwartenseite nach unten auf ein halb tiefes Blech geben, mit Ferkelfond knapp bedecken, und im Ofen bei 120 °C Umluft für 2 Stunden garen. Vor dem Servieren langsam bei niedriger Hitze in der Pfanne mit etwas Öl goldbraun braten, dann nochmals über Holzkohle kross grillen.

Ferkelkeule mit 20 ml Ferkelfond vakuumieren, anschließend für 3,5 Stunden bei 72 °C im Wasserbad garen. Für die Fertigstellung den Ferkelfond aus dem Vakuumbeutel reduzieren, mit etwas frischer Butter binden und die Keule darin glasieren.

Das Ferkelfilet vakuumieren und bei 65 °C im Wasserbad für 8 Minuten garen, dann 15 Minuten bei 50 °C warmhalten. Für die Fertigstellung das Filet herausnehmen, über Holzkohle grillen und mit etwas Meersalz und Pfeffer würzen.

Fermentierter Rhabarber: Die Rhabarberwürfel mit Essig, Salz, Zucker, Himbeeren und etwas Pfeffer vermengen. Über Nacht bei Zimmertemperatur stehen lassen. Dann die Flüssigkeit abseihen mit etwas Johanniskernbrotmehl binden und wieder zu den Würfeln geben. Gegebenenfalls noch mal mit etwas Zucker nachschmecken.

Erbsencreme: Die Schalottenwürfel in Butter farblos anschwitzen, Erbsen hinzugeben und ebenfalls mit anschwitzen, Sahne hinzugeben und weich köcheln lassen. Dann fein mixen und mit Salz und Pfeffer abschmecken.

Kresseöl: Bachkresse zupfen, einen Teil der Blätter beiseitelegen fürs Anrichten, den mit Stiel klein schneiden und mit dem Rapsöl fein mixen und durch ein Tuch passieren.

Ferkeljus: Für den Ferkeljus alle Abschnitte vom Ferkel in etwas Butter anbraten, mit Yuzusaft und Sojasoße ablöschen und den gesammelten Ferkelfond dazugeben. Einkochen, bis Geschmack und Bindung fertig sind.

Anrichten

Die feinen Schalottenwürfel in etwas Butter anschwitzen, die Morcheln hinzugeben und anbraten. Nun den grünen Spargel hinzugeben und mit anschwenken. Dann die Zuckererbsen und Erbsen hinzugeben, mit Salz und Pfeffer abschmecken. Das Püree auf die Teller geben und das Gemüse darauf verteilen. Rhabarber und Kresse darauf anrichten. Das Spanferkel grillen und auf die Teller geben. Etwas von dem Kresseöl darüber geben und zum Schluss die Sauce angießen.

Matthias Pietsch ist Küchenchef im Bonner Restaurant Redüttchen, reduettchen.de

Yakitori-Spieße
Erdnuss-Sauce I Japanischer Gurkensalat

Zutaten Yakitori-Spieße

3 Zehen Knoblauch

5 cm Ingwer

2 EL Sesamöl

50 g Zucker

150 ml Sojasoße

150 ml Mirin

50 ml Sake

Holzspieße

2 Hähnchenbrustfilets (je ca. 160 g)

2 Frühlingszwiebeln

2 EL Sesamkörner

1 EL Chiliflocken

Zutaten Erdnusssauce

1 Zwiebel, gehackt

2 EL Öl

2 Zehen Knoblauch, zerdrückt

2 TL Ingwer, frisch, geraspelt

½ TL Chilipulver

2 TL Curry

1 TL Kreuzkümmel, gemahlen

160 g Erdnüsse, geröstet, ungesalzen

400 ml Kokosmilch

3 EL Zucker, braun

1 EL Zitronensaft

Zutaten Japanischer Gurkensalat

1 Gurke

1 EL Salz

1 EL Sesamkörner

2 Zehen Knoblauch, klein geschnitten oder gepresst

1 Frühlingszwiebel, klein geschnitten

1 EL Sojasoße

2 EL Reisessig

1 EL Zucker

1 TL Chiliflocken

1 TL Sesamöl

● **Yakitori-Spieße:** Knoblauch und Ingwer schälen und in grobe Stücke schneiden. Den Knoblauch mit einem Messerrücken etwas andrücken, so tritt das Aroma besser aus. Beides in einem kleinen Topf mit Sesamöl bei kleiner Hitze anschwitzen. Zucker, Sojasoße, Mirin und Sake dazugeben und unter Rühren kurz aufkochen lassen, bis der Zucker geschmolzen ist. Mindestens 1 Stunde ohne Deckel bei kleiner Hitze einkochen lassen, bis die Sauce leicht andickt. Komplett abkühlen lassen.

● Holzspieße in Wasser einweichen (damit sie später nicht verbrennen).

● Hähnchenbrustfilets unter fließendem Wasser abspülen und abtrocknen. Fleisch in Streifen schneiden und diese wellenförmig auf

die Holzspieße ziehen (alternativ Fleisch in Würfel schneiden). Das Fleisch anschließend großzügig mit der Marinade einpinseln.

🟠 Grillpfanne mit etwas Öl einpinseln und erhitzen. Die Fleischspieße darin von allen Seiten goldbraun braten, gelegentlich das Fleisch noch mal mit etwas Marinade einpinseln.

🟠 Frühlingszwiebeln waschen, abtrocknen und schräg in dünne Scheiben schneiden.

🟠 Die Yakitori-Spieße kurz vor dem Servieren noch mal mit etwas Sauce einpinseln und mit Frühlingszwiebeln, gerösteten Sesamkörnern und – nach Belieben – mit Chiliflocken garnieren.

🟠 **Erdnusssauce:** Die Zwiebel im Öl 5 Minuten weich dünsten, die Gewürze hinzugeben und unter Rühren 2 Minuten mitdünsten. Die Erdnüsse fein hacken und zusammen mit der Kokosmilch und dem Zucker hinzugeben. Bei reduzierter Hitze 5 Minuten köcheln, bis die Sauce eindickt. Mit dem Zitronensaft abschmecken. Wer die Sauce ganz glatt haben möchte, kann sie mit dem Pürierstab weiter verfeinern.

🟠 **Gurkensalat:** Die Gurke gründlich waschen, diese komplett schälen oder auch nur teilweise. Man kann sie auch ungeschält lassen. Geschnittene Gurke in einer Schüssel mit 1 EL Salz ca. 25 Minuten stehen lassen, damit etwas Wasser austritt.

🟠 Währenddessen in einer Pfanne die Sesamkörner ohne Öl anrösten und zur Seite stellen.

🟠 In einer Schüssel Frühlingszwiebeln und Knoblauch mit allen anderen Zutaten gut mischen. Die Menge der einzelnen Zutaten kann nach Belieben dem persönlichen Geschmack angepasst werden.

🟠 Die Gurke sollte nach 25 Minuten Flüssigkeit verloren haben, diese abgießen und die Gurke gründlich waschen, um den salzigen Geschmack zu entfernen. Danach die Gurke kurz abtropfen lassen und zu dem Dressing hinzufügen.

🟠 Alles gut mischen und am Ende die gerösteten Sesamkörner drüberstreuen.

Christian Sturm-Willms ist Küchenchef im Restaurant Yunico, www.kamehabonn.de

Fisch & Meeresfrüchte

Eifel-Tomate und Gurke trifft Felchen vom Laacher See 52

Aprikosen-Ceviche mit roh marinierter Gelbschwanzmakrele
und Popcorn 54

Gebratener Zander auf Traubenkraut mit Speck-Weißwein-Sauce 56

Skrei-Filet im Pergamentblatt gegart, Gemüse, Fregola und
Ingwer-Cashew-Pesto. 60

Gebratenes Zanderfilet mit Schmorgurken 62

Tatar vom Ikarimi-Lachs auf Kartoffelrösti
mit Limonen-Crème fraîche und Kaviar 64

Poelierte Seezunge mit Kartoffelmousseline, Erbsen,
Seezungenjus und Beurre Blanc 66

Dorade Royale. 68

Gebratenes Lachsfilet mit geschmorten Gartengurken und
Kurkuma-Ingwersud mit Dill 72

Wolfsbarsch I Bärlauch I Spargel. 74

Riesling-Zander 78

Gebratener Saibling mit Shiitake-Pilz-Velouté, Spitzkohl
und Kartoffelstampf 80

Saltimbocca vom Seeteufel mit Bärlauchrisotto und
Limonen-Vinaigrette. 82

Kaisergranat mit Karotte, Pistazie und Beurre Blanc 84

Eifel-Tomate und Gurke
trifft Felchen vom Laacher See

für **4** Personen

1 kg gemischte bunte Eifel-Tomaten von Theo Frings

140 ml Zitronenessig (über oelpapst.com)

50 ml Balsamico-Essig (über oelpapst.com)

120 ml kalt gepresstes Rapsöl (über oelpapst.com)

2 Felchen je ca. 250 g (fischerei-marialaach.de oder beim Frischeparadies in Köln-Hürth)

2 kleine Gartengurken von Theo Frings

20 g Wildkräuter, gewaschen

Meersalz, weißer Pfeffer aus der Mühle, Zucker

Tomaten vom Strunk befreien und gegenüber einritzen. Tomaten für 30 Sekunden in kochendem Wasser blanchieren und dann mit Eiswasser abschrecken. Tomatenhaut abziehen. Tomaten in gefällige Stücke schneiden, nicht zu klein.

Die Tomaten mit etwas Meersalz, Pfeffer und Zucker würzen. Für die Vinaigrette Zitronenessig, Balsamico und Rapsöl vermischen und die Tomaten damit mindestens 3 Stunden marinieren. Die Tomaten mit der Vinaigrette kann man aber auch schon einen Tag vorher vorbereiten und einlegen.

Felchen filetieren und von Gräten und Schuppen befreien. 2 Filets von der der Haut befreien und für das Tartar in Würfel schneiden.

Das Tartar mit Salz und etwas Pfeffer würzen, vor dem Anrichten einen Spritzer Zitronensaft und den fein geschnittenen Schnittlauch dazugeben. Die anderen beiden Filets in 8 gleich große Stücke schneiden, mit Salz und Pfeffer würzen und Hautseite mit Mehl bestäuben. Jetzt in einer Pfanne mit Rapsöl auf der Hautseite anbraten, bis diese kross ist. Dabei eventuell mit einem Topf kurz beschweren, damit sich der Fisch nicht zusammenrollt. Wenn die Haut kross ist, das Filet einmal kurz drehen und direkt auf den Salat geben.

1 Gurke in Scheiben schneiden, aus der anderen mit einem Pariser Löffel Kugeln ausstechen.

Anrichten

Sie nehmen die marinierten Tomaten aus dem Fond und verteilen sie auf 4 tiefe Teller. Wenn möglich in Türmchen anrichten. Das Tartar vorsichtig in 4 Kugeln formen und diese auf die Tomaten legen.

Jetzt marinieren Sie die Gurken und die Wildkräuter mit etwas Rapsöl und Salz und arrangieren diese über die Tomaten und das Tatar. Passieren Sie die Tomatenvinaigrette und gießen Sie ca. 50 ml in den Teller.

Den gebratenen Fisch noch warm auf dem Türmchen arrangieren.

Oliver Röder ist Geschäftführender Gesellschafter und Küchenchef in der Landlust auf Burg Flamersheim, burgflamersheim.de

Aprikosen-Ceviche

mit roh marinierter Gelbschwanz-makrele und Popcorn

Zutaten Tigermilch

20 g Ingwer

1 Zehe Knoblauch

1 Stange Zitronengras

2 Stück Limetten-Blätter

140 g Limettensaft

20 g Sojasoße

5 g Salz

50 g Zucker

150 g Wasser

Zutaten Aprikosen-Ceviche

2 gelbe Paprika

8 frische Aprikosen

480 g Kokosmilch (1 Dose)

150 g Mais aus der Dose

5 g Chili-Paste (z. B. Aji Amarillo)

½ TL Kurkuma

150 g Tigermilch (siehe Rezept)

Zutaten Sauer eingelegte Zwiebeln

2 rote Zwiebeln

100 g Rotweinessig

100 g Wasser

1 EL Zucker

2 g Salz

Zutaten Gelbschwanzmakrele

300–400 g Gelbschwanz-makrele (kann auch durch Wolfsbarsch oder Dorade ersetzt werden)

Salz, Pfeffer

Olivenöl

Limetten-Abrieb

Zum Garnieren

½ Gurke

sauer eingelegte Zwiebeln

frischer Koriander

½ gelbe Paprika

salziges Popcorn

● **Tigermilch:** Ingwer und Knoblauch schälen und in grobe Stücke schneiden. Zitronengras in Stücke schneiden und plattieren, um die ätherischen Öle freizusetzen. Alle Zutaten in einen Topf geben und aufkochen lassen. 3 Minuten lang kochen. Den Sud eine Stunde ziehen lassen, ohne Hitze. Den Sud durch ein feines Sieb passieren und die Flüssigkeit auffangen.

● **Aprikosen-Ceviche:** Gelbe Paprika halbieren und entkernen (½ Paprika zur Seite legen, für die Garnitur). Restliche Paprika in grobe Stücke schneiden. Aprikosen halbieren und entkernen. In einem mittelgroßen Topf Paprika und Aprikosen in etwas geschmacksneutralem Öl andünsten. Mit Kokosmilch ablöschen. Mais, Chili-Paste und

Kurkuma zugeben. Alles so lange kochen, bis die Paprika weich ist (ungefähr 15 Minuten). Für den Fall, dass zu viel Kokosmilch verdunstet, einfach mit ein wenig Wasser auffüllen. Tigermilch hinzugeben und pürieren, bis eine ganz feine Marinade entsteht. Falls nötig mit Salz abschmecken. Die Marinade durch ein feines Sieb passieren und auskühlen lassen.

Sauer eingelegte Zwiebeln: Die Zwiebeln schälen und in möglichst dünne Ringe schneiden. Essig, Wasser, Zucker und Salz in einem kleinen Topf aufkochen. Die kochende Essigmarinade vorsichtig über die Zwiebeln geben. Auskühlen lassen.

Tipp: Tigermilch, Aprikosen-Ceviche und sauer eingelegte Zwiebeln am besten einen Tag vorher zubereiten, damit alle Komponenten reichlich auskühlen können.

Gelbschwanzmakrele: Gräten entfernen und das Filet in dünne Scheiben schneiden (2–5 mm dick). Mit Salz, Pfeffer, Olivenöl und Limettenabrieb marinieren.

Garnituren: Gurke waschen, längs halbieren, mit einem Löffel entkernen und in Würfel schneiden. Eingelegte Zwiebeln auf einem Küchentuch abtropfen. Korianderblätter zupfen. Die übrige ½ Paprika schälen und in Würfel schneiden. Salziges Popcorn kaufen (im gut sortierten Supermarkt) oder selber zubereiten.

Anrichten

In einen tiefen Teller eine Kelle Aprikosen-Ceviche geben. Paprika und Gurkenwürfel darüber verteilen. Den marinierten Fisch mittig legen. Mit Popcorn, den eingelegten Zwiebeln und Korianderblätter garnieren.

Lucas Brockhausen ist Inhaber vom und Küchenchef im Restaurant Strandhaus, www.strandhaus-bonn.de

Gebratener Zander auf Traubenkraut
mit Speck-Weißwein-Sauce

für **4** Personen

Zutaten Sauerkraut

1 Schalotte

Butter

400 g Sauerkraut

Lorbeerblatt

Weißwein

Salz, Pfeffer

24 Trauben

Zutaten Speck-Weißwein-Sauce

100 g Bacon (in Scheiben)

150 ml Sahne

80 ml Weißwein

30 g Butter

fein geschnittener Schnittlauch

Salz, Pfeffer aus der Mühle

Zutaten Zander

600 g Zander (pro Person 150 g)

Salz

Zitronensaft

Öl

Butter

● **Sauerkraut:** Schalotte schälen und in feine Streifen schneiden. In Butter anschwitzen, Sauerkraut und Lorbeer dazugeben mit Weißwein auffüllen und abgedeckt gar köcheln lassen, nun mit Salz und Pfeffer abschmecken. Trauben halbieren, unter das Sauerkraut heben und anrichten.

● **Speck-Weißwein-Sauce:** 4 Scheiben Bacon in der Pfanne kross auslassen für die Garnitur.

● Den restlichen Bacon fein schneiden, in einer Sauteuse anbraten, bis der Bacon bräunt. Nun mit Sahne ablöschen und 10 Minuten ziehen lassen. Weißwein auf 15 ml reduzieren und zur Sahne geben. Nun passieren, nochmals aufkochen und die Butter dazu geben. Mit einem Zauberstab durchmixen, mit Salz und Pfeffer abschmecken, Schnittlauch vor dem Anrichten dazu geben.

● **Zander:** Zander mit Salz und Zitronensaft würzen. Mit Öl in einer Pfanne zuerst von der Fleischseite anbraten, dann auf die Hautseite drehen und kross anbraten. Mit heißer Butter übergießen und anrichten.

Christian Binder ist Küchenchef in Steinheuers Restaurant „Zur Alten Post" in Bad Neuenahr-Heppingen, www.steinheuers.de

Steckbrief

Lucas Brockhausen

Stationen: Quatrefoil Restaurant, Dundas, Kanada

Gasthaus Kräutergarten, Adendorf

Kontaktdaten des Restaurants:
Restaurant Strandhaus, Georgstr.28 53111 Bonn
www.strandhaus-bonn.de, 0228 3694949
Montag-Freitag ab 18:00 Uhr

Kochstil? Klassische französische Küche mit Einflüssen aller Länder

Wein oder Bier? Wein

Unvergessliches Gericht aus der Kindheit? Lasagne von meiner Mutter

Wie sind Sie zum Kochen gekommen? Als Kind habe ich immer gerne gekocht und neue Sachen ausprobiert. Habe dann ganz schnell gemerkt, was für eine Leidenschaft dahintersteckt, wenn man das sogar noch mit anderen teilt, die denselben Beruf ausüben. Und natürlich bin ich damals als „Dishwasher" in Kanada da reingewachsen.

Welche Zutat verfeinert nahezu jedes Gericht? Das Einsetzen von Milchsäuren, wie Crème Fraîche, Schmand, Joghurt, die zugleich Fett aber auch eine gewisse Erfrischung in viele Gerichten reinbringen.

Ohne welches Küchengerät kommen Sie nicht aus? Meine Messer. Spielzeuge sind cool, aber ohne geht's auch :-)

Wohin möchten Sie unbedingt essen gehen?
Mein Spektrum der asiatischen Küche erweitern.

Liebster Zeitvertreib außerhalb der Küche? Auf der anderen Seite der Küchentür sitzen und selber genießen.

Steckbrief

Christian Binder

Stationen: Restaurant Margaux, Berlin
Steinheuers Restaurant, Bad Neuenahr
Stiller's Restaurant, Shanghai / China
Restaurant Marcus Wareing, Knightsbridge, London / England
Gourmetrestaurant Schloss Lerbach Nils Henkel, Bergisch Gladbach
IHK Koblenz
Steinheuers Restaurant, Bad Neuenahr / Deutschland

Kontaktdaten des Restaurants: Steinheuers Restaurant und Landgasthof
Poststuben, Landskroner Straße 110, 53474 Bad Neuenahr-Ahrweiler
Ortsteil Heppingen, Telefon: +49 (0) 26 41-9 48 6 0,
Telefax: +49 (0) 26 41-9 48 6 10, E-Mail: info@steinheuers.de

Kochstil? Neue deutsche Küche

Wein oder Bier? Wein

Unvergessliches Gericht aus der Kindheit? Königsberger Klopse

Wie sind Sie zum Kochen gekommen? Es war immer mein großer Traum
Koch zu werden, von jüngster Kindheit an.

Welche Zutat verfeinert nahezu jedes Gericht? Noilly Prat

Ohne welches Küchengerät kommen Sie nicht aus? 1 Pfanne, 1 Platte

Wohin möchten Sie unbedingt essen gehen? Franzen, Stockholm

Liebster Zeitvertreib außerhalb der Küche? Zeit mit meiner Familie
verbringen

Skrei-Filet im Pergamentblatt gegart,
Gemüse, Fregola und Ingwer-Cashew-Pesto

für **4** Personen

Zutaten Gemüse

8 Stück Zwiebellauch (der weiße Teil für das Gemüse, das Grüne in feine Ringe geschnitten für das Pesto)

8 Stück Stängelbrokkoli

8 Bundmöhrchen

Zutaten Fregola

400 g Fregola (sardische Nudel-Kügelchen)

Zutaten Skrei

4 schöne, gleichmäßige Stücke Skrei-Rücken à 150 g

Pergament

Zutaten Pesto

Saft **einer** Zitrone

50 g gehackte und geröstete Cashewkerne

30 g geriebener Ingwer

100 ml Erdnussöl

Gemüse: Alles Gemüse putzen und längs halbieren. In einer Pfanne kurz anrösten, salzen.

Fregola: Fregola nach Packungsanleitung bissfest kochen, abschütten und abschrecken.

Skrei: Skrei-Filets salzen und mit etwas Zitronen-Abrieb würzen. 4 große Stücke Pergament zuschneiden.

Die fertig gekochten Fregola-Kügelchen auf je einem Pergamentbogen verteilen, Gemüse und Fisch drauflegen. Vier Päckchen formen und mit Küchengarn zubinden. Auf einem Backblech bei 150°C Umluft ca. 20 Minuten garen.

Pesto: Inzwischen ein Pesto aus dem Saft der Zitrone, den Cashewkernen, dem Zwiebellauchgrün, dem Ingwer und dem Erdnussöl anrühren.

Wer nach 20 Minuten Garzeit unsicher ist, ob der Fisch fertig ist, kann einfach mit einer Gabel vorsichtig von oben in das Päckchen stechen und prüfen, ob alles heiß ist. Wenn nicht, noch kurz weiter garen.

Anrichten

Die Päckchen öffnen und die Sauce mit einem kleinen Löffel auf den Fisch geben. „En Papillotte", also im Pergament auf einen Teller legen und servieren.

Astrid Kuth war Inhaberin und Küchenchefin des Restaurants Strandhaus in Bonn.

Gebratenes Zanderfilet
mit Schmorgurken

als Vorspeise für **4** Personen

Zutaten Schmorgurken

800 g Schmorgurken oder Gartengurken

150 g möglichst kleine Kirschtomaten

40 g Butterschmalz

2 EL braune Senfsaat

2 Schalotten, in feinen Würfeln

1 EL geriebener Ingwer

2 EL Mehl

150 ml Gemüsefond

1 rote Chilischote, fein geschnitten oder **½ Teelöffel** Piment d'Esplette

Limettensaft von **einer** Limette und etwas Abrieb von der Schale

80 g Crème fraîche

1 großer Bund Dill, klein geschnitten (ein bisschen zur Verzierung aufheben)

ein paar Blättchen Koriandergrün (nach Geschmack)

Zutaten Zander

4 schöne Stücke Zanderfilet mit Haut (ca. 100 g pro Pers.)

Mehl zum Bestäuben

etwas Bratöl (oder Butterschmalz)

● **Schmorgurken:** Die Gurken waschen, schälen und längs halbieren. Die Kernchen mit einem Teelöffel auskratzen, die Gurkenhälften nochmal längs durchschneiden und dann in Stückchen schneiden. Die Kirschtomaten über Kreuz einritzen, mit kochendem Wasser übergießen, abschrecken und häuten.

● In einer großen Pfanne etwas Butterschmalz erhitzen, darin die Senfkörner leicht anrösten. Die Schalotten zugeben und kurz mitbraten, bis sie glasig sind. Den Ingwer und die Gurkenstücke zugeben, alles salzen und etwas dünsten (ca. 2 Minuten). Dann das Mehl mit anschwitzen, 120 ml Gemüsefond, die Chiliwürfel und den Limettensaft zugeben, ca. 5 Minuten kochen lassen. Crème fraîche und Tomaten in die Schmorgurken rühren, nur noch kurz kochen. Die geschnittenen Kräuter erst ganz am Schluss vor dem Servieren unterziehen.

● **Zander:** Bratfett in einer Pfanne erhitzen, die Fischfilets salzen und in Mehl wenden, das Mehl wieder abklopfen und die Filets zuerst auf der Hautseite, danach auch auf der anderen Seite anbraten. Je nach Dicke der Fischfilets dauert das 4–6 Minuten pro Seite. Nicht zu viel Hitze nutzen.

Anrichten

Das Gemüse nochmal kurz heiß machen und auf den Tellern verteilen, die Fischfilets auflegen. Ein paar Korianderblättchen und Dillspitzen obenauf geben.

Astrid Kuth war Inhaberin und Küchenchefin des Restaurants Strandhaus in Bonn.

Tatar vom Ikarimi-Lachs auf Kartoffelrösti
mit Limonen-Crème fraîche und Kaviar

für 4 Personen

Zutaten Lachstatar

240 g Ikarimi-Lachsfilet ohne Haut und Gräten

1 kleine Schalotte, fein gewürfelt, blanchiert, ausgedrückt

½ TL gutes Rapsöl

Limonenabrieb

Limonensaft

Salz, weißer Pfeffer, Cayennepfeffer

Zutaten Creme

4 TL Crème fraîche

Milch

Limonensaft

Salz, Zucker, Cayennepfeffer

Zutaten Kartoffelrösti

4 fest kochende Kartoffeln (ca. 400 g)

Salz, weißer Pfeffer, Muskatnuss

Pflanzenöl

Zutaten für die Garnitur

60 g Forellenkaviar

Schnittlauchspitzen

Kerbelblättchen

essbare Blüten

Tatar: Den Lachs mit einem sehr scharfen Messer in dünne Streifen und diese in kleine Würfel schneiden. Schalottenwürfel allesamt unter den Lachs mischen. Das Tatar mit Limonenabrieb, etwas Limonensaft, Salz, und Pfeffer aus der Mühle nach Belieben abschmecken.

Creme: Die Crème fraîche mit etwas Milch leicht schaumig schlagen und mit Limonensaft, Salz, Zucker und Cayennepfeffer abschmecken.

Kartoffelrösti: Die Kartoffeln in mittelstarke Streifen hobeln. Auf einem Küchenpapier leicht trocken tupfen, dann mit Salz, Pfeffer und Muskat würzen.

Etwas Öl in der Pfanne erhitzen. Die Kartoffelmasse in vier gleichmäßige Portionen hineingeben und fest zusammendrücken, sie sollte etwa 1 cm hoch sein. Auf beiden Seiten zartbraun braten, aus der Pfanne nehmen und in jeweils ca. 8 bis 10 cm groß rund ausstechen.

Anrichten

Das abgeschmeckte Tatar in vier Metallringe drücken und die Crème fraîche ca. 1 cm darauf verteilen. Die Oberfläche glätten, den Kaviar ca. 3–5 mm darauf gleichmäßig verteilen. Die restliche Creme in einen Spritzbeutel füllen. Mit dieser werden kleine Punkte auf den Teller gemacht, die dann noch mit Kaviar und Kräutern ausgarniert werden.

Die Rösti nochmals kurz heiß nachbraten, überschüssiges Fett mit einem Küchenpapier abtupfen. Die Tatartörtchen auf die Rösti platzieren und mit Schnittlauch und Blüten fertig ausgarnieren.

Mein Tipp: Die meisten Kräuter und essbaren Blüten finden sich im eigenen Garten. Das Gericht serviere ich zu dieser Jahreszeit gern im Restaurant, bereite es aber auch privat oft zu. Und jedes Mal freue ich mich wieder darauf.

Oliver Röder ist Geschäftsführender Gesellschafter und Küchenchef in der Landlust auf Burg Flamersheim, burgflamersheim.de

Poelierte Seezunge
mit Kartoffelmousseline, Erbsen à la française, Seezungenjus und Beurre Blanc

für **4** Personen

Zutaten Seezungenjus

1 Seezunge (800–900 g)
4 EL Schalottenwürfel
2 EL Karottenwürfel
2 EL Selleriewürfel
1 TL Tomatenmark
50 ml roter Portwein
100 ml Rotwein
1 Liter Geflügelfond
1 Lorbeerblatt

Zutaten Beurre Blanc

1 Schalotte
1 Lorbeerblatt
1 TL weiße Pfefferkörner
100 ml Weißwein
50 ml Noilly Prat
100 ml Geflügelfond
50 ml Sahne
200 g Butter

Zutaten Kartoffelmousseline

500 g Kartoffeln La Ratte
75 ml Sahne
Muskatnuss, Salz

200 g Butter
50 g braune Butter (dafür Butter stark erhitzen, sodass das enthaltene Wasser verdampft und der Milchzucker karamellisiert; dadurch bekommt die Butter feine Röstaromen und einen leicht nussigen Geschmack)
25 g Crème fraîche
1 EL geschlagene Sahne

Zutaten Erbsen à la française

2 EL feine Schalottenwürfel
20 ml Weißwein
50 ml Geflügelfond
200 g Erbsen
50 g Butter
2 EL Tomatenwürfel
1 Romana-Salatherz, in feinen Streifen

Zutaten Seezunge

4 Seezungen-Filets
1 EL Butter
2 Zweige Thymian
1 Zehe Knoblauch

Seezungenjus: Der Seezunge die Haut abziehen, filetieren und die Filets kaltstellen. Die Karkassen von den Innereien trennen, den Kopf entfernen und in ca. 3 x 3cm große Stücke schneiden. Die Karkassen mit etwas Öl in einem Topf goldbraun rösten, Gemüse hinzufügen und mitrösten. Tomatenmark zugeben und weiter mitrösten und anschließend mit Rotwein und Portwein ablöschen und mit Geflügelfond aufgießen. Das Lorbeerblatt dazugeben. Ca. 2 Stunden sanft köcheln lassen, anschließend durch ein feines Sieb passieren abschmecken und leicht mit Stärke binden.

● **Beurre Blanc:** Schalotte in feine Würfel schneiden und in 1 TL Butter farblos anschwitzen. Gewürze, Weißwein, Noilly Prat und Fond zugeben und auf ca. zwei Drittel sanft einkochen. Sahne zugeben und die kalte Butter würfelweise einmixen. Mit Salz, Pfeffer, Zitronensaft und ggf. etwas Weißwein nachschmecken.

● **Kartoffelmousseline:** Geschälte Kartoffeln in gesalzenem Wasser weichkochen. Kartoffeln abgießen und durch eine Kartoffelpresse drücken und gut ausdampfen lassen. Sahne aufkochen und mit Muskat und Salz würzen. Kartoffelmasse durch ein feines Sieb streichen und die Sahnemischung zugeben. Kalte Butterwürfel, braune Butter und Crème fraîche unterrühren und ggf. noch einmal mit Salz und Muskat nachschmecken. Zuletzt geschlagene Sahne unterheben.

● **Erbsen à la française:** Schalotte in etwas Butter farblos anschwitzen. Mit Weißwein ablöschen, Fond zugeben und etwas einreduzieren lassen. Erbsen und Butter zugeben und köcheln lassen (falls die Konsistenz nicht dicker wird, noch etwas Butter zugeben). Zum Schluss Tomatenwürfel und Kopfsalat zugeben und mit Salz und Pfeffer abschmecken.

● **Seezunge:** Seezungenfilets leicht salzen und mit der Hautseite nach außen übereinanderlegen. In Frischhaltefolie fest einschlagen und mit Küchenfaden fixieren. Nun Wasser im Topf auf 55 °C erhitzen und die Seezunge für 8 Minuten darin garen. Der Fisch sollte ca. eine Kerntemperatur von 42 °C haben.

● Zum Fertigstellen den Fisch aus der Folie nehmen und in Butter mit Thymian und Knoblauch von beiden Seiten kurz anbraten.

Anrichten

Mousseline in die Tellermitte geben, das Seezungenfilet daraufsetzen. Die Erbsen außen anlegen. Zuerst den Jus, dann die Beurre Blanc angießen. Für die Garnitur eignen sich Salatblätter und essbare Blüten.

Fritz Benson ist Inhaber und Küchenchef des Restaurants Theodor's in Bonn-Beuel

Dorade Royale

Pulpo I Cannellini-Bohnen Fenchelsalami I Tomaten-Fetakäse-Fumet

für **4** Personen

Zutaten Fisch

4 Doraden-Filets

Zutaten Bohnenpüree

150 g Cannellini-Bohnen (über Nacht in Wasser einlegen)

50 g Suppengemüse

3 Scheiben Speck

30 ml Estragon-Essig

500 ml Geflügelfond

1 Orange

Zutaten Pulpo

Pulpo, ca. **1–1,5 kg** schwer

etwas Suppengemüse

¼ Knoblauchzehe

Gewürze (Lorbeerblatt, Pfefferkörner, Salz)

Zutaten Tomatenwasser

2 kg Romana-Tomaten

Estragon-Essig (nach Geschmack)

Salz, Zucker, Pfeffer aus der Mühle

Zutaten Tomaten-Fetakäse-Fumet

200 ml Tomatenwasser

75 ml Sahne

75 g Butter

Fetakäse nach Geschmack

Zutaten Tomatengelee

150 g Tomatenwasser

1 Blatt Gelatine

1 g Agar von Textura (online zu bestellen, beispielsweise bei www.bosfood.de)

Zutaten Bohnensalat

25 g Cannellini-Bohnen

5 g Fenchelsalami

3 Blatt Petersilie

1 Blatt Radicchio

4 Zweige Frisée

● **Bohnenpüree:** 125 g Cannellini-Bohnen mit Suppengemüse und Speck anschwitzen, mit Estragon-Essig ablöschen und mit Geflügelfond weichkochen. Die weichen Bohnen mit Orangenzeste und Saft glatt mixen und durch ein Sieb passieren.

● **Pulpo:** Den Pulpo gründlich mit kaltem Wasser waschen und trocken tupfen. Anschließend einen Topf mit Suppengemüse und den Gewürzen zum Kochen bringen. Den Pulpo für ca. 25–35 Minuten leicht simmern lassen, bis er weich ist. Dann die Pulpoarme vom Körper trennen und gerade auf eine Klarsichtfolie legen und alles eng zusammenrollen. Die Pulporolle für ca. 1 Stunde in den Gefrierschrank legen.

Tomatenwasser: Die Tomaten in Würfel schneiden und mit Salz, Zucker, Pfeffer und Estragon-Essig marinieren. Anschließend die marinierten Tomaten mixen und auf ein Passiertuch abhängen lassen. Das Tomatenwasser eventuell mit Essig, Salz, Zucker und Pfeffer nachschmecken.

Tomaten-Fetakäse-Fumet: 200 ml Tomatenwasser mit Sahne und Butter etwas einkochen lassen. Dann den Fetakäse nach und nach reinmixen, bis der Geschmack optimal ist. Durch ein Sieb passieren.

Tomatengelee: Gelatine in kaltes Wasser einweichen. Dann 150 g Tomatenwasser mit Agar Textura aufkochen, die eingeweichte Gelatine dazu und durch ein Sieb passieren. Das Tomatenwasser auf ein flaches Blech gießen und kaltstellen.

Bohnensalat: Die Cannellini-Bohnen bissfest kochen und in eine Schüssel geben. Die Fenchelsalami in Würfel schneiden und kurz in einer Pfanne anbraten und ohne Fett zu den Bohnen geben. Petersilie und Radicchio in feine Streifen schneiden und ebenfalls zu den Bohnen geben.

Anrichten

Das Bohnenpüree erwärmen und in der Mitte des Tellers anrichten. Die Pulporolle in feine Scheiben schneiden und auf das Bohnenpüree legen. Das Tomatengelee mithilfe eines runden Ausstechers von ca. 6 cm Durchmesser ausstechen und auf das Bohnenpüree mit Pulpo legen, sodass alles bedeckt ist. Den Bohnensalat links auf den Teller in einen Ring von ca. 2 cm Durchmesser drücken, sodass man einen akkuraten Sockel bekommt. Auf den Sockel den Frisée und den fein geschnittenen Radicchio anrichten.

Die Doraden-Filets mit Salz und etwas Zitronensaft würzen und kross auf der Haut braten. Die Filets umdrehen und nach ca. 30 Sekunden aus der Pfanne nehmen und rechts auf dem Teller anrichten.

Die Tomaten-Fetakäse-Fumet erhitzen und aufschäumen, auf den Teller verteilen.

Benjamin Schöneich ist Küchenchef im Restaurant Brogsitter im Historischen Gasthaus Sanct Peter in Walporzheim, www.sanct-peter.de

Steckbrief

Fritz Benson

Stationen: Landhaus Kremmel , Wachtberg
Se7en Oceans , Hamburg 1*
Schanz.Restaurant 3*

Kontaktdaten des Restaurants:
Friedrich-Breuer-Straße 98, 53225 Bonn

Kochstil? Die Basis ist ganz klar Französisch,
aber mit internationalen Einflüssen

Wein oder Bier? Beides sehr gerne, ich
möchte ungern mich festlegen. Zum Essen
Wein und sonst gerne Bier.

Unvergessliches Gericht aus der Kindheit?
Alles, was meine Mutter gekocht hat. Aber
besonders kleine vietnamesische Sommer-
rollen mit viel frischen Kräutern aus unserem
Garten. Sie wurden mit einer Sauce mit ganz
klein geschnittenen Karotten, Knoblauch,
kafir Limette, Chili, Ingwer, Limettensaft und
Fischsauce serviert. Wenn meine Schwester
Jana und ich nach Hause gekommen sind
und es war warm, hatte sie manchmal eine
riesige Platte davon vorbereitet und wir saßen
zusammen im Garten und haben gegessen.

Generell wurde das Thema gutes und frisches
Essen bei uns immer großgeschrieben. Meine
Eltern haben immer großen Wert darauf-

gelegt, dass wir alles probieren. Man könnte
sagen, das war meine erste kulinarische
Vorausbildung.

Wie sind Sie zum Kochen gekommen? Auch
wieder durch meine Mutter. Ich habe sehr
viele Allergien in den ersten Jahren meines
Lebens gehabt. Daher hat sie mehrmals am
Tag für mich gekocht und ich habe immer
eifrig zugeschaut. Es folgten die ersten
eigenen Kochversuche, die ersten Kochbücher,
das erste Praktikum im Vieux Sinzig mit zwölf
Jahren. Ich wurde älter, aber das Kochen war
trotzdem immer ein Teil meines Lebens.

**Welche Zutat verfeinert nahezu jedes
Gericht?** Salz, Zeit und Hingabe

**Ohne welches Küchengerät kommen Sie
nicht aus?** Die Standardgeräte: Herd und
Ofen. Danach Roulardennadeln ...

Wohin möchten Sie unbedingt essen gehen?
Da gibt es einige. Aber aktuell in Deutschland würde ich sagen das Restaurant „JAN"
in München. Und in Europa das Restaurant
„Frantzen" in Stockholm.

Liebster Zeitvertreib außerhalb der Küche?
Zeit mit meiner Familie und Freunden verbringen, selber Gast sein und Sport

Benjamin Schöneich

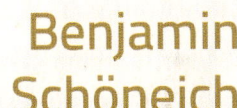

Stationen: Romantik Hotel Schmiede Gasthaus Gehrke
Hotel Restaurant Jörg Müller
Hotel zur Krone in Herxheim/Hayna
Restaurant Schwarzwaldstube
Restaurant Vendome
Schloss Loersfeld
Gourmet Restaurant Brogsitter

Kontaktdaten des Restaurants: Brogsitter Gasthaus Sanct Peter
Walporzheimer Str. 134, 53474 Bad Neuenahr-Ahrweiler

Kochstil? Französisch-Modern mit internationalen Einflüssen

Wein oder Bier? Bier

Unvergessliches Gericht aus der Kindheit? Frikadellen

Wie sind Sie zum Kochen gekommen? Die Leidenschaft zum Kochen war schon als Kind da. Bei meinem ersten Praktikum verstärkte sich dann der Wunsch, Koch zu werden.

Welche Zutat verfeinert nahezu jedes Gericht? Miso

Ohne welches Küchengerät kommen Sie nicht aus? Pacojet

Wohin möchten Sie unbedingt essen gehen? Die Liste ist endlos, aber ganz oben auf der Liste steht Yannick Alléno

Liebster Zeitvertreib außerhalb der Küche? Angeln

Gebratenes Lachsfilet
mit geschmorten Gartengurken und Kurkuma-Ingwersud mit Dill

für **4** Personen

Rapsöl

1 EL Kurkuma

80 g Pankomehl (Asiatisches Paniermehl)

1 Bund Dill, fein geschnitten

2 Salatgurken

20 g Ingwerwurzel, gerieben

1 TL Zucker

2 EL Zitronensaft

1 Zwiebel, in Würfel geschnitten

600 g Lachsfilet ohne Haut

Salz

In einem Topf 3 EL Rapsöl mit einem halben EL Kurkuma verrühren. Langsam heiß werden lassen und das Pankomehl darin anrösten. Wenn das Pankomehl schön gelb und kross ist, das halbe Bund Dill dazu geben und zur Seite stellen.

Die Salatgurken waschen, die Enden abschneiden und der Länge nach halbieren. Mit einem EL das Kerngehäuse der Gurken auskratzen und in einer Schüssel aufbewahren. Die Gurken der Länge nach in feine Streifen schneiden. Ingwer, Zucker, einen halben EL Kurkuma und den Zitronensaft mit dem Kerngehäuse der Gurken verrühren.

Die Zwiebeln in einer Pfanne mit 4 EL Rapsöl glasig werden lassen. Das gewürzte Kerngehäuse der Gurken mit in die Pfanne geben. Die Gurkenstreifen dazu geben und für ca. 8–10 Minuten garen. Mit Salz abschmecken. Die andere Hälfte vom Dill mit in die Gurken geben.

In der Zwischenzeit den Lachs in 4 gleich große Streifen schneiden, mit etwas Salz würzen und in einer beschichteten Pfanne von einer Seite anbraten, bis der Fisch etwas Farbe hat. Wenden und noch ca. 3 Minuten weiter braten. Die Pfanne vom Herd nehmen und den Fisch noch etwas ziehen lassen. Der Lachs sollte in der Mitte schön glasig sein.

Das Gurkengemüse mit dem Sud auf 4 Teller verteilen. Den Lachs auf der Gurke anrichten und mit dem Pankomehl garnieren.

Sebastian Schipulle ist Küchenchef im Bistro Savvy Nosh in Bonn-Oberkassel. www.savvynosh.de

Wolfsbarsch
Bärlauch I Spargel

für **4** Personen

Zutaten Schnittlauchöl

100 g Schnittlauch

150 g Rapsöl

Zutaten Schnittlauchmayo

2 Eigelb

5 g Senf

1 Spritzer Essig

150 g Rapsöl

50 g Schnittlauchöl (s. o.)

Salz

Zutaten Riesling-Beurre-Blanc

100 g Schalotten, fein
geschnitten

500 g Riesling

50 g Reisessig

5 g Pfeffer

5 g Salz

300 g Sahne

100 g Butter

Zutaten eingelegte Buchenpilze und Tomberry-Tomaten

100 g Weißweinessig

80 g Zucker

150 g Wasser

50 g Buchenpilze

175 g Tomberry-Tomaten (oder
ähnlich kleine Tomaten)

Zutaten für den gegrillten weißen Spargel

10 Stangen Spargel

1 Zitrone

Salz, Zucker

Zutaten Koshihikari-Reis-Risotto

200 g Koshihikari-Reis (japanischer Rundkornreis aus dem
Asialaden oder online erhältlich)

20 g Schalotten, fein gewürfelt

1 EL Pflanzenöl

Salz

30 ml Weißwein

750 ml Geflügelfond

50 g Bärlauchbutter (s. o.)

20 ml geschlagene Sahne

Pfeffer, Zucker

Zutaten Bärlauchbutter

250 g weiche Butter

100 g Bärlauch, gewaschen

10 g Salz

Zutaten Geflügelfond

3 kg Geflügelknochen

5 l Wasser

200 g Möhre, grob gewürfelt

100 g Sellerie, grob gewürfelt

100 g Porree, grob gewürfelt

200 g Schalotten, grob gewürfelt, mit Schale

1 EL Wacholder

Pfeffer, Lorbeer

1 Gemüsezwiebel, halbiert

Zutaten Wolfsbarsch

800 g Wolfsbarschfilet

Zubereitung "Wolfsbarsch I Bärlauch I Spargel"
siehe nächste Seite

Wolfsbarsch
Bärlauch I Spargel

🟡 **Schnittlauchöl:** Den Schnittlauch grob hacken und zusammen mit dem Rapsöl in einen Mixer geben. 2 Minuten bei voller Kraft mixen, anschließend bei 70 °C für 10 Minuten bei halber Kraft mixen. Das Chlorophyll wird bei Hitze dem Kraut entzogen und geht in das Öl ein. Die fertig gemixte Masse durch ein Küchentuch passieren und in einem Spritzbeutel abhängen für 2 Stunden. Das Wasser und die restlichen Trübstoffe setzen sich im untern Zipfel des Spritzbeutels ab und können anschließend ganz einfach vom fertigen grünen Öl getrennt werden.

🟡 **Schnittlauchmayo:** Eigelb, Senf und Essig vermengen und die Öle langsam und unter ständigem Rühren reinlaufen lassen, bis eine feste Mayonnaise ansteht. Mit Salz und etwas Essig abschmecken

🟡 **Riesling-Beurre Blanc:** Die Schalotten, 450 g vom Riesling, Reisessig, Pfeffer und Salz in einen Topf geben und auf eine Gesamtmasse von 100 g reduzieren, anschließend durch ein Sieb passieren. Die Flüssigkeit zurück in einen sauberen Topf füllen, Sahne hinzugeben und leicht zum Köcheln bringen. Die kalte Butter würfeln und mit einem Stabmixer in die Sauce einmontieren. Zum Schluss noch die restlichen 50 g Riesling zugeben, um der Sauce den letzten Schwung zu geben. Etwas vom Schnittlauchöl in die fertige Sauce geben und leicht verrühren.

🟡 **Eingelegte Buchenpilze und Tomberry-Tomaten:** Weißweinessig, Zucker und Wasser in einem Topf zum Kochen bringen. Die Buchenpilze von der Wurzel schneiden und mit etwas von dem heißen Sud übergießen. Für die Tomaten muss der Pickelsud kalt sein, da sie sonst aufplatzen.

🟡 **Gegrillter weißer Spargel:** Den Spargel schälen, das Wasser mit Salz, Zucker und der Zitrone zum Kochen bringen. Spargel ins kochende Wasser geben, kurz aufkochen lassen und den Herd dann ausschalten. Ca. 5 Minuten in dem heißen Wasser ziehen lassen und in Eiswasser abschrecken. Die erkalteten Spargelstangen rautenförmig in gleiche große Stücke schneiden – bis 4 cm vor dem Kopf. Der Spargel sollte für den Röstgeschmack vor dem Schneiden entweder in einer Grillpfanne, auf dem Grill oder mit dem Bunsenbrenner gegrillt oder abgeflammt werden.

🟡 **Koshihikari-Reis-Risotto:** Den Reis 30 Sekunden unter kaltem Wasser abspülen. Die Schalottenwürfel in etwas Öl farblos anschwitzen, den gewaschenen Reis zugeben und leicht mit Salz würzen. Anschließend mit Weißwein ablöschen und vollständig verkochen lassen. Dann nach und nach mit heißem Geflügelfond aufgießen, dabei immer wieder rühren. Solange auffüllen und köcheln lassen, bis der Reis noch leicht bissfest ist. Zum Fertigstellen kalte Bärlauchbutter (s. u.) und Sahne zugeben und mit Salz, Zucker und Pfeffer abschmecken.

🟡 **Bärlauchbutter:** Alles zusammen in einem Mixer fein mixen, bis die Butter grün wird.

🟡 **Geflügelfond:** Alle Zutaten bis auf die Zwiebel in einen Topf geben und bei mittlerer Hitze über 3–4 Stunden köcheln lassen. Die Brühe anschließend durch ein feines Sieb abgießen. Die halbierte Zwiebel in einer Pfanne mit etwas Salz und Öl dunkel anrösten und zugeben.

Wolfsbarsch: Den Fisch entweder im Ganzen oder schon filetiert und entgrätet kaufen. Ein Stück des Filets abschneiden und mit etwas Salz würzen, für ca. 30 Minuten stehen lassen. Den Backofen auf 120 °C Umluft vorheizen. Eine beschichtete Pfanne mit Öl erhitzen und den Fisch auf der Hautseite knusprig braten, anschließend umgedreht, mit der Hautseite nach oben, auf einem kleinen Backblech im Ofen auf 47 °C Kerntemperatur garen.

Anrichten

Zum Anrichten den heißen Koshihikari-Reis in die Tellermitte geben, den gegrillten Spargel und die eingelegten Tomberry-Tomaten drumherum arrangieren und mit den Buchenpilzen garnieren. Die Riesling-Beurre-Blanc aufkochen, mixen und mit dem Öl vermischen, den gebratenen Fisch auf das Risotto setzen und anschließend mit den Spargelspitzen toppen. Zuletzt die Sauce mit dem Öl angießen.

Felix Kaspar ist Küchenchef des Restaurants Konrad's im Marriott Hotel in Bonn, www.konrads-bonn.de

Zutaten Zander

4 Stücke (je 120 g) entgräteter entschuppter Zander

50 g Mehl

20 g Butter

Rapsöl zum Braten

Zutaten Blumenkohlpüree

400 g Blumenkohl

50 g Zwiebelwürfel

75 g Butter

50 g Sahne

Salz, weißer Pfeffer, gemahlen

Zutaten Riesling-Trauben

100 g kernlose weiße Trauben

200 g Riesling

3 Lorbeerblätter

2 Pimentkörner

2 Wacholderbeeren

Salz, Pfeffer, Cayennepfeffer

Zutaten Riesling-Kraut

200 g Sauerkraut

30 g Zucker

150 g Riesling

50 g Zwiebelwürfel

Salz, Pfeffer

50 g Butter

Zutaten Sauce

50 g Schalottenwürfel

200 g Fischfond

100 g Riesling

20 g Weißweinessig

150 g Butter

Salz

Riesling-Zander

für **4** Personen

Zander: Die Hautseite des Zanders mehlieren, salzen und in dem Rapsöl beidseitig goldgelb braten. Den Fisch in eine Auflaufform umfüllen, Butterwürfel zugeben und bei 180°C Umluft ca. 10 Minuten backen.

Blumenkohlpüree: Den Strunk entfernen und den Blumenkohl in gleichmäßige Röschen schneiden. Die Zwiebelwürfel in der Butter glasig anschwitzen. Die Blumenkohlröschen zugeben. Mit Salz und Pfeffer würzen und mit Sahne aufgießen. Bei geschlossenem Deckel ca. 30 Minuten auf kleiner Stufe garen. Alles zu einem glatten Püree mixen.

Riesling-Trauben: Den Riesling mit den Gewürzen zu einem Sud aufkochen. Die Trauben zugeben. Die Riesling-Trauben abgedeckt 12 Stunden im Kühlschrank ziehen lassen.

Riesling-Kraut: Den Zucker karamellisieren. Die Zwiebelwürfel und die Butter zugeben. Mit Riesling ablöschen. Das Sauerkraut zugeben und unterrühren. Mit Salz und Pfeffer würzen und kurz köcheln lassen.

Sauce: Schalotten glasig anschwitzen. Mit Weißwein- und Essiggemisch ablöschen. Mit Fischfond aufgießen. Die kalte Butter nach und nach in kleinen Würfeln in den kochenden Sud mit einem Schneebesen einrühren, damit eine homogene Massen entsteht, also eine Art Emulsion. Die fertige Sauce mit Salz abschmecken.

Robert Bösel ist Küchenchef im Restaurant Thüres im Gutsausschank des Weinguts Sermann in Altenahr, www.sermann.de

Gebratener Saibling
mit Shiitake-Pilz-Velouté, Spitzkohl und Kartoffelstampf

Zutaten Shiitake-Velouté

2 Schalotten
200 g Shitakepilze
100 ml Weißwein
250 ml Geflügelbrühe
etwas frischer Lorbeer
200 g Sahne

Zutaten Saibling

4 Saiblingfilets à 160 g p. P.
30 g Butter
Salz

Zutaten Spitzkohl

1 Kopf Spitzkohl
100 g Butter
50 ml Mineralwasser
50 ml Apfelsaft
Salz, Zucker, Pfeffer

Zutaten Kartoffelstampf

400 g mehligkochende Kartoffeln
60 g Butter
80 g Milch
Salz, Pfeffer, Muskat

Zutaten Vinaigrette

40 ml Olivenöl, kaltgepresst
10 ml Champagneressig
5 g Senf
5 g Wasser
Salz, Zucker, Pfeffer

Zutaten kleiner Kräutersalat

10 g Gartenkresse
10 g Kerbel
10 g Schnittlauchspitzen
10 g Dill

Shiitake-Velouté: Die Schalotten schälen und grob schneiden, in etwas Butter anschwitzen, die Pilze dazugeben, anschließend mit Weißwein ablöschen und leicht köcheln lassen. Mit der Brühe auffüllen, den Lorbeer hinzugeben und für weitere 15 Minuten simmern lassen. Die Sahne hinzugeben, aufkochen, mit dem Zauberstab anmixen und durch ein Sieb passieren. Mit Salz und Pfeffer abschmecken. Zum Servieren die Velouté aufkochen und mit eiskalter Butter aufmixen.

Saibling: Die Saiblingsfilets entgräten, abtrocknen und auf der Haut langsam krossbraten. Sobald die Hautseite knusprig ausgebraten ist, das Filet umdrehen und nur noch in der Resthitze der Pfanne, unter Zugabe von etwas Butter, garziehen lassen.

Spitzkohl: Blätter einzeln zupfen und in sehr feine Streifen schneiden. In einer breiten Pfanne die Butter zerlassen und den Spitzkohl schnell unterrühren und garen. Von Beginn an würzen. Sobald der Kohl glasig angeschwitzt ist, mit dem Mineralwasser und Apfelsaft ablöschen. Der Kohl benötigt nur wenige Minuten.

Kartoffelstampf: Die Kartoffeln in Salzwasser, in der Schale kochen und noch heiß pellen. Butter im Topf erhitzen, bis sie bräunt und mit Milch ablöschen. Die gepellten Kartoffeln darin zerdrücken und mit Salz, Pfeffer und Muskat würzen.

Vinaigrette: Die Bestandteile der Vinaigrette verrühren und lediglich mit Salz, Zucker und Pfeffer abschmecken.

Kräutersalat: Den Kräutersalat mischen, mit der Vinaigrette à la minute marinieren und zuletzt auf dem gebratenen Saibling platzieren.

Anrichten

Den Spitzkohl sowie den Kartoffelstampf in einem Ring in einem tiefen Teller mittig platzieren. Mit einem Sektkorken andrücken. Alternativ einen Esslöffel dafür nehmen. Die Shiitake-Velouté aufkochen, mit der kalten Butter montieren und so viel davon in den Teller geben, dass die Beilagen fast bedeckt sind. Das gebratene Saiblingsfilet auf den Beilagen aufsetzen und mit dem Kräutersalat garnieren.

Felix Kaspar ist Küchenchef des Restaurants Konrad's im Marriott Hotel in Bonn, www.konrads-bonn.de

Saltimbocca vom Seeteufel
mit Bärlauchrisotto und Limonen-Vinaigrette

für **4** Personen

50 g getrocknete Shiitake-Pilze

1 Liter Wasser

1 kleine Schalotte

100 g Butter

1 Schuss Weißwein

300 g Risottoreis

1 Bund Bärlauch

30 g fein geriebener Parmesan

800 g Seeteufel

16 Blätter Salbei

8 Scheiben Parmaschinken

1 EL Senf

100 g weißer Balsamico

50 g Zucker

10 g Salz

Abrieb von **einer** Bio-Zitrone und **1 EL** Zitronensaft

300 g Rapsöl

● Getrocknete Shiitake 24 Stunden in einem Liter Wasser einweichen und danach passieren.

● Schalotte schälen und fein würfeln und in 50 g Butter in einem Topf glasig schwitzen. Mit Weißwein ablöschen und erhitzen, bis der Alkohol verkocht ist. Den Risottoreis hinzugeben und kurz mit anschwitzen, danach mit einem Liter Shiitakefond auffüllen.

● Bärlauch waschen und mit etwas Öl fein pürieren.

● Die restliche Butter würfeln und kaltstellen.

● Das Risotto bei mittlerer Hitze köcheln lassen, bis die Flüssigkeit fast vollständig verkocht ist. Nun zuerst die Bärlauch-Paste hinzufügen, danach die kalte Butter unterarbeiten und zuletzt den Parmesan einrühren. Erst jetzt mit Salz und Pfeffer abschmecken.

● Den Seeteufel in Medaillons von 100 g schneiden, leicht salzen und von jeder Seite mit einem Salbeiblatt belegen. Eng in eine Scheibe Parmaschinken wickeln und alles gut festdrücken. Den Fisch von beiden Seiten scharf anbraten und dann bei 150°C Umluft für 5 Minuten in den Ofen geben.

● Für die Vinaigrette alle Zutaten bis auf das Öl in einen schmalen Messbecher geben und diese mit dem Mixstab pürieren. Dann das Öl in einem dünnen Strahl unter ständigem Pürieren hinzufügen.

Anrichten

Falls vorhanden eignen sich Bärlauchblüten am besten zur Dekoration.

Paul Heuser ist Küchenchef im Restaurant Feinschliff in Sinzig, www.restaurant-feinschliff.de

Kaisergranat
mit Karotte, Pistazie und Beurre Blanc

für **4** Personen

Zutaten Kaisergranat und Sauce

4 Kaisergranaten

1 Karotte

Weiße Krustentiersauce

1 cl Pflanzenöl

200 g Schalotten

Lauch

Staudensellerie

0,1 l Noilly Prat/Weißwein

0,05 l Sahne

30 g kalte Butter

1 TL Korianderbeeren

0,2 l Wasser

Zutaten Karotte

14 Karotten (Bundmöhren)

100 g Butter

0,5 l Karottensaft (bio) oder selbst entsaftet

Zutaten Pistazienpüree

30 g Pistazien

80 g Brühe/Wasser

10 g Pistazien-Öl (gibt es bei Bos Food, www.bosfood.de)

1 Prise Salz

Garnitur

Gepuffter Quinoa (z. B. aus dem Bioladen)

● **Kaisergranat und Sauce:** Die Kaisergranaten putzen, direkt vor dem Anrichten mit Salz würzen und anbraten. Krustentierkarkassen im Ofen bei 180°C Umluft 20 Minuten rösten. Schalotten, Lauch und Staudensellerie in Öl anbraten. Karkassen zugeben, mit Noilly Prat ablöschen und mit Wasser auffüllen, Korianderbeeren dazugeben. 20 Minuten kochen lassen, so dass es auf 0,2 l reduziert. Dann Sahne zugeben, aufkochen, fein sieben und mit Salz nachschmecken. Jetzt kalte Butter einmixen.

● **Karotte:** Karotten schälen, 5 davon klein schneiden und mit Butter anschwitzen, etwas Wasser dazugeben und abdecken köcheln lassen, bis sie weich sind. Mit Salz und Butter zu einem glatten Püree mixen. Restliche Karotten auf 2 mm aufschneiden und bei 100°C Umluft ca. 45 Minuten im Ofen trocknen und dann im Karottensaft mit etwas Salz gar kochen. Zum Schluss etwas Butter dazugeben.

● **Pistazienpüree:** Pistazien in der Brühe einmal aufkochen 5 Minuten köcheln lassen, dann mit dem Pistazien-Öl und einer Prise Salz in der Moulinette glatt mixen, beim Mixen etwas von dem Pistazienkochwasser dazugeben.

Anrichten

Beide Pürees in die Teller-Mitte geben, Karotten darüber verteilen, Kaisergranat anlegen und saucieren.

Christian Binder ist Küchenchef in Steinheuers Restaurant „Zur Alten Post" in Bad Neuenahr-Heppingen, www.steinheuers.de

Vegetarisch

Aufgeschlagener Ziegenfrischkäse mit zweierlei Roter Bete,
Malzcreme & Zwiebelhonig 88

Vegetarisches Kartoffel-Paprika-Gulasch mit Sour Creme 90

Tortellini vom Scamorzo mit warmem Tomaten-Zucchinisalat
und Tomatensud 92

Gefüllte Zucchiniblüten mit Gerstensalat und Möhrencreme 94

Blumenkohl, Trüffel-Gnocchi, Meerettich Beurre Blanc,
Rauchsalzmandel. 98

Kürbiscreme im Blätterteig mit Rucola und Büffelmozzarella 100

Steinpilz-Arancini mit Kopfsalatcreme, Steinpilzsalat und Tomaten . . . 102

Maronen-Ravioli mit Birne und Gorgonzola. 104

Karotte mit Mohnknödel und Giersch 106

Gebratener weißer Spargel im Kataifi-Teig mit Kohlrabi
und grüner Sauce. 108

Aufgeschlagener Ziegenfrischkäse
mit zweierlei Roter Bete, Malzcreme & Zwiebelhonig

für **4** Personen

Einkauf

Die Zutaten bekommt man in jedem Supermarkt oder Feinkostladen. Aber wir empfehlen einen Besuch beim Rheinbacher Feierabendmarkt. Dort gibt es ebenfalls alle Zutaten dafür und Sie können sich zudem mit den Erzeugern direkt austauschen.

2 Zwiebeln bleiben sie ganz?

1 EL Butter

200 g Honig

500 g Roggenbrot mit dunkler Kruste

500 ml Milch

6 dicke Knollen Rote Bete

250 g Ziegenfrischkäse

1 EL Crème fraîche

1 EL Olivenöl

1 TL Meersalz

1 Bund Kerbel

Salz, Pfeffer aus der Mühle, brauner Zucker

Benedikt Frechen ist Inhaber und Küchenchef im Anna Seibert in Rheinbach, anna-seibert.de

● **Zwiebelhonig:** Für den Zwiebelhonig werden die Zwiebeln geschält, gewürfelt und mit etwas Butter in einer Pfanne angebraten. Hierbei ist es wichtig, dass die Zwiebeln eine sehr braune Farbe bekommen. Sind die Zwiebeln schön angebraten, gibt man den Honig und 200 ml Wasser hinzu. Nun muss das Ganze circa 1 Stunde leicht köcheln und dann eine Nacht durchziehen.

● **Malzcreme:** Das Roggenbrot in 10 x 10 cm große Würfel schneiden und diese im Backofen kross rösten. Dann zusammen mit der Milch in einen Topf geben und so lange köcheln lassen, bis die Milch verdunstet und die Brotwürfel schon weich sind. Das Ganze in einer Küchenmaschine zu einem feinen Püree mixen und mit Salz, Pfeffer und etwas Crème fraîche fertigstellen.

● **Rote Bete, gebeizt:** 3 von den 6 Knollen Rote Bete werden geschält und dann auf einer Schneidemaschine oder mit einem Küchenhobel in feine Scheiben geschnitten. Die Scheiben auf einem Backblech auslegen, mit Zucker und Salz bestreuen und für circa 45 Minuten zur Seite stellen. Danach werden die Scheiben leicht abgespült.

● **Rote-Bete-Salat:** Für den Rote-Bete-Salat wird die restliche Bete über eine grobe Küchenreibe gehobelt. Ich bevorzuge den Salat naturbelassen und würze ihn nur mit etwas Olivenöl, 1 TL Meersalz und etwas schwarzem Pfeffer.

● **Ziegenfrischkäsecreme:** Die Ziegenfrischkäsecreme ist ganz schnell zubereitet. Sie nehmen den Ziegenfrischkäse und rühren diesen mit dem EL Crème fraîche glatt. Dann wird das Ganze mit etwas Zwiebelhonig, Salz und Pfeffer abgeschmeckt und im Kühlschrank bis zur Verwendung gekühlt.

Anrichten

Wir richten dieses Gericht am liebsten in einem Metallring an, damit man beim Essen alles direkt auf die Gabel nehmen kann. Dafür nehmen Sie einen Metallring und geben zuerst die Malzcreme und den Salat hinein. Der Ziegenfrischkäse kommt darüber. Darauf können Sie die Rote-Bete-Blätter blütenartig drapieren. Dann den Zwiebelhonig darüber träufeln und obendrauf grob gerupften Kerbel streuen.

Vegetarisches Kartoffel-Paprika-Gulasch
mit Sour Creme

für **4** Personen

Zutaten Kartoffel-Gulasch

2 große Gemüsezwiebeln

4 Zehen Knoblauch

6 große festkochende Kartoffeln

2 Paprika (gelb und rot, grob gewürfelt)

1 EL Tomatenmark

1 EL Paprikapulver, edelsüß

1 EL Paprikapulver, geräuchert

1 Msp. Chilipulver

¼ l Weißwein

¼ l Gemüsebrühe

2 frische Lorbeerblätter

Schalenabrieb einer
¼ Bio-Zitrone

3 Zweige frischer Majoran

Salz, Olivenöl

Zutaten Sour Creme

200 g Schmand

200 g Crème fraîche

Salz, Pfeffer

Kartoffel-Gulasch: Zwiebeln schälen und in grobe Würfel (1x1 cm) schneiden, und in etwas Olivenöl andünsten. Knoblauch schälen, fein hacken und ebenfalls mit andünsten. Kartoffeln schälen und grob würfeln (1x1 cm), ebenso die Paprika vierteln, entkernen und in Stücke von 1x1 cm schneiden. Kartoffeln, die Paprika und das Tomatenmark den Zwiebeln hinzufügen. Beide, Paprika- sowie das Chilipulver, gleichmäßig über dem Gemüse verteilen und dieses nun leicht anschwitzen. Mit Weißwein ablöschen, dann die Gemüsebrühe hinzugeben. Lorbeerblätter und den Zitronenabrieb dazugeben, mit Salz würzen. Bei geschlossenem Deckel und milder Hitze für ca. 30–35 Minuten garköcheln lassen.

Zum Schluss nochmals herzhaft abschmecken.

Sour Creme: Schmand und Crème fraîche miteinander verrühren und abschmecken.

Anrichten

Mit einer Suppenkelle einen guten Schöpfer des Gulaschs in einen tiefen Teller geben und mit einem großen Klecks Sour Creme bereichern. Den frisch gezupften Majoran über dem Gericht verteilen.

Christoph Dubois führt zusammen mit Klaus Velten die Kochateliers mit fünf Standorten in und rund um Bonn, www.kochateliers.de

Tortelloni vom Scamorza
mit warmem Tomaten-Zucchinisalat und Tomatensud

für **4** Personen

Zutaten Nudelteig

400 g Mehl, Type 550

4 Eier

Zutaten Füllung

3 Auberginen

200 g Scamorza (geräucherter Mozzarella)

200 g Ricotta

Zutaten Tomatensud

2 Zwiebeln

1,5 kg Strauchtomaten

100 ml Weißwein

2 EL Tomatenmark

2 Stk. langer Pfeffer (Stangenpfeffer)

1 Bund Bohnenkraut

Fertigstellung

3 Zucchini

500 g Kirschtomaten (am besten in verschiedenen Farben)

½ Bund Basilikum

dunkler Balsamico

Olivenöl

Salz und Pfeffer

Nudelteig: Das Mehl mit den Eiern, einer Prise Salz und einem Schuss Olivenöl zu einem glatten Teig kneten. Gegebenenfalls etwas kaltes Wasser dazu geben. In Folie einpacken und für 30 Minuten ruhen lassen.

Füllung: Auberginen halbieren und die Fleischseite mit einem Messer kreuzweise einschneiden. Die Auberginenhälften mit der Fleischseite nach oben auf ein Blech legen und für 30–40 Minuten bei 180°C Umluft gar backen.

In der Zwischenzeit den Scamorza-Käse fein reiben und mit dem Ricotta vermengen. Die Auberginenhälften etwas abkühlen lassen und dann mit Hilfe eines Löffels das Fruchtfleisch auskratzen. Mit einem Messer klein schneiden und dann in einer beschichteten Pfanne mit etwas Olivenöl kurz anbraten.

Die Aubergine zu dem Scamorza und dem Ricotta geben und mit Salz und Pfeffer abschmecken.

Tomatensud: Die Zwiebeln schälen und in grobe Würfel schneiden. In einem Topf mit 100 ml Olivenöl anbraten und dann die geviertelten Strauchtomaten dazu geben. Mit dem Weißwein ablöschen und das Tomatenmark, den langen Pfeffer und die Hälfte vom Bohnenkraut dazugeben. Mit 200 ml Wasser auffüllen und ca. 45 Min köcheln lassen. Dann den Tomatensud mit Hilfe einer Kelle durch ein grobes Sieb passieren. Mit Salz, Pfeffer und Bohnenkraut abschmecken. Gegebenenfalls noch etwas Olivenöl dazugeben.

Tortelloni: Den Nudelteig mit Hilfe einer Nudelmaschine zu dünnen Teigplatten ausrollen. Bei uns ist das Stufe 1. Mit einem Ausstecher 8 bis 10 cm große Kreise ausstechen. Mit einem Teelöffel etwas Füllung in die Mitte der Teigkreise geben. Den Nudelteig mit etwas Wasser befeuchten und den Teig einmal zu einem Halbkreis umschlagen. Möglichst keine Luft miteinschließen

und den Nudelteig gut zusammendrücken. Die gerade Seite des Halbkreises vorsichtig eindrücken und die beiden Enden zueinander führen und miteinander verbinden.

● Die Tortelloni in Salzwasser ca. 3 Minuten kochen. Mit einer Kelle vorsichtig aus dem Wasser holen und beiseitestellen.

● **Zucchinisalat:** Die Zucchini in 0,5 cm dünne Scheiben schneiden und nach und nach in einer Pfanne mit Olivenöl von einer Seite mit Farbe anbraten. Die halbierten Kirschtomaten dazugeben und einmal mit durchschwenken. In eine Schüssel geben und mit etwas dunklem Balsamico und Olivenöl vermengen. Mit Salz, Pfeffer und dem in Streifen geschnittenen Basilikum abschmecken.

Anrichten

Die Zucchinischeiben zu einem Kreis auf die Teller verteilen. Die Tortelloni in der Pfanne mit etwas Olivenöl im Ofen erwärmen. Die Tortelloni um die Zucchinischeiben anrichten. Die Tomaten auf die Teller verteilen und mit dem Tomatensud garnieren.

Sebastian Schipulle ist Küchenchef im Savvy-Nosh in Oberkassel, www.savvynosh.de

4 Zucchiniblüten mit Frucht-Ansatz

Zutaten Käse-Füllung

30 g Butter

30 g Mehl

100 ml Gemüsebrühe

3 EL Pankomehl (oder grob gemahlenes Paniermehl), in etwas Butter geröstet

200 g Ricotta

2 Eigelb

1 TL Zitronenabrieb

40 g geriebener Parmesan

Salz, Pfeffer

Zutaten Gerstensalat

100 g Perlgraupen in Gemüsefond garen (Garzeit nach Packungsanweisung)

1 Zucchini, fein gewürfelt

1 Möhre, fein gewürfelt

150 g Kräuteröl (Petersilie und andere Gartenkräuter nach Geschmack in 60°C warmem Pflanzenöl fein pürieren, eine kleine Menge zum Anrichten übrig lassen)

Saft und Abrieb von **einer** Zitrone

Salz, Pfeffer

Zutaten Möhrencreme

200 g Möhren, in Stücke geschnitten

40 g Butter

scharfes Currypulver

Salz

1 EL Honig oder Ahornsirup

ca. ein halbes Glas Orangensaft

Gefüllte Zucchiniblüten
mit Gerstensalat und Möhrencreme

als Vorspeise für **4** Personen

● Die Blütenstempel im Inneren der Blüte behutsam entfernen und die Mini-Zucchini, die an der Blüte hängt, fächerförmig einschneiden.

● **Käse-Füllung:** Aus der Butter und dem Mehl eine Mehlschwitze kochen und mit der Gemüsebrühe glattrühren. Etwas abkühlen lassen und alle anderen Zutaten unterrühren. Kräftig mit Salz und Pfeffer abschmecken. Die Masse in einen Spritzbeutel füllen und für mindestens 1 Stunde kaltstellen.

● Dann wird die Käsecreme vorsichtig in die Zucchiniblüten gespritzt, diese werden auf ein gefettetes Blech gelegt und mit Fleur de Sel und etwas geriebenem Parmesan bestreut. Im vorgeheizten Backofen backen: ca. 10 Minuten bei 200 Grad (Umluft) backen.

● **Gerstensalat:** Die Möhren- und Zucchiniwürfel in etwas Pflanzenöl anschwitzen. Mit den anderen Zutaten vermischen, gut abschmecken.

● **Möhrencreme:** Die Möhren in etwas Orangensaft gar dünsten, die Möhrenstücke sollen nur knapp bedeckt sein. Im Mixer fein mixen, dabei die Butter zugeben. Kräftig abschmecken.

Anrichten

Den Gerstensalat in einem Ring auf den Teller geben, die Möhrencreme drumherum tupfen. Die Zucchiniblüten heiß aus dem Ofen holen. Übriges Kräuteröl auf den Teller geben.

Astrid Kuth war Küchenchefin des Restaurants Strandhaus und entwickelt zurzeit in der eigenen Küche neue Ideen und Betätigungsfelder, www.astrid-kuth.de

Sebastian Schipulle

Stationen: Halbedels Gasthaus , Bonn Bad Godesberg

Kontaktdaten des Restaurants: Savvy Nosh ,
Königswinterer Straße 626, 53227 Bonn
hello@savvynosh.de

Kochstil? Inspiration hole ich mir von meinen Reisen,
aber auch in unserer Region

Wein oder Bier? Sehr gerne Wein

Unvergessliches Gericht aus der Kindheit? Frisch
gebackenes Sauerteigbrot von meiner Mutter. Und die
Maultaschen von meiner Oma im Schwarzwald

Wie sind Sie zum Kochen gekommen? Ganz klar habe
ich die Liebe zum Kochen von meiner Mutter geerbt.
Bei uns zu Hause wurde immer frisch gekocht!

Welche Zutat verfeinert nahezu jedes Gericht?
Mein selbst gemachtes Curry- Vanille Öl ;-)

Ohne welches Küchengerät kommen Sie nicht aus?
Mein schönes, scharfes Japanisches Messer aus Kyoto.

Wohin möchten Sie unbedingt essen gehen?
Wir wollen unbedingt mal nach Antwerpen. Da gibt es
noch einige Restaurants zu entdecken!

Liebster Zeitvertreib außerhalb der Küche? Reisen und
mit Freunden Kochen und dabei leckeren Wein genießen.

Steckbrief

Astrid Kuth

Stationen: „Le Marron", Bonn, „Halbedels Gasthaus", Bad Godesberg, Gründerin und Küchenchefin „Restaurant Strandhaus" 2000–2023.

Kochstil? Moderne Genussküche aus Bonn

Wein oder Bier? Tee oder Kaffee? Frühstück oder Abendessen? Fahrrad oder Auto? Keine Ahnung , so, wie es gerade passt

Unvergessliches Gericht aus der Kindheit? Krabbenbrötchen an der Alten Liebe in Cuxhaven

Wie sind Sie zum Kochen gekommen? Ich habe in der Oberstufe und während des Studiums immer in Gastronomieküchen gejobbt und dann gemerkt, dass mich dieses Metier mehr interessiert als das Studium. So habe ich 1991 die Uni geschmissen und meine Ausbildung im damals besternten Le Marron begonnen.

Welche Zutat verfeinert nahezu jedes Gericht? Liebe Gedanken

Ohne welches Küchengerät kommen Sie nicht aus? Gusseiserner Bräter, stabiles Schneidbrett, gutes Messer

Wohin möchten Sie unbedingt essen gehen? In jedes gastfreundliche Restaurant am Meer

Liebster Zeitvertreib außerhalb der Küche? gärtnern, lesen, reisen

Blumenkohl I Trüffel-Gnocchi
Meerrettich-Beurre Blanc
Rauchsalzmandel

für **4** Personen

Zutaten Trüffel-Gnocchi

350 g mehlig kochende Kartoffel

60 g Kartoffelstärke

60 g Hartweizengrieß

2 Eier

20 g Trüffelpaste

Salz, Pfeffer, Muskat

Zutaten Meerrettich-Beurre Blanc

200 g Weißwein

2 Schalotten

50 g Weißweinessig

190 g Sahne

80 g Butter

30 g Sahnemeerrettich

10 g Champagneressig

Zutaten Blumenkohl

500 g Wasser

10 g Salz

Lorbeer

Wacholder

Senfsaat

Piment

1 Blumenkohl

10 g Kapern

250 g Butter

Zutaten Dill-Öl

100 g Rapsöl

100 g Dill

Zutaten Sonstiges

20 g Rauchsalz-Mandeln (grob gehackt)

20 g frischer Trüffel

5 g Estragon (Blätter, gezupft)

● **Trüffel-Gnocchi:** Die Kartoffeln waschen, schälen und kochen, nach dem kochen stampfen und etwas ausdampfen lassen. Den lauwarmen Kartoffeln nun die restlichen Zutaten hinzufügen und verkneten, bis eine formbare Gnocchi-Masse entsteht. Die Gnocchi in einem Blech ausstreichen und mit Klarsichtfolie abdecken, im Ofen bei 100°C Umluft für 15 Minuten dämpfen, einfrieren und rund ausstechen.

● Alternativ einfach kleine Gnocchi formen und in gesalzenem Wasser einmal kurz aufkochen, abschöpfen und nach dem Auskühlen braten.

● Nachdem die Gnocchi-Taler wieder aufgetaut sind, in etwas Öl und Butter goldbraun anbraten.

🟡 **Meerrettichsauce:** Den Weißwein und die klein geschnittenen Schalotten, sowie den Weißweinessig in einem Topf auf 100 ml herunterreduzieren, und absieben. Der Reduktion nun Meerrettich und Champagneressig hinzufügen, aufkochen und die kalte Butter in kleinen Würfeln mit einem Stabmixer einmontieren.

🟡 **Blumenkohl:** Das Wasser mit den anderen Zutaten aufkochen, den Blumenkohl darin einlegen und für 1 Stunde an die Seite stellen. Danach den Blumenkohl in faustgroße Stücke zerteilen, im Ofen bei 100 °C Umluft für 15 Minuten dämpfen, aus dem Ofen holen und abtrocknen. Zu guter Letzt den Kohl mit der Butter goldbraun braten, den Blumenkohl herausholen und die Kapern in der restlichen Butter ausbacken.

🟡 **Dill-Öl:** Das Rapsöl leicht erwärmen, dann mit einem Pürierstab den Dill einmixen, in den Kühlschrank stellen und sobald abgekühlt durch ein Sieb geben.

Anrichten

Auf vorgewärmte Teller, jeweils einen Trüffel-Gnocchi-Taler angebraten in der Mitte platzieren, den goldbraun gebratenen Blumenkohl aufsetzen. Die Meerrettichsauce erwärmen, mit dem Dill-Öl verrühren und um den Gnocchi herum angießen. Zum Schluss die Rauchsalzmandeln, ausgebackenen Kapern und die Estragonblätter über den Blumenkohl geben, anschließend den frischen Trüffel darüberhobeln.

Felix Kaspar ist Küchenchef des Restaurants Konrad's im Marriott Hotel in Bonn, www.konrads-bonn.de

Kürbiscreme im Blätterteig
mit Rucola und Büffelmozzarella

für **4** Personen

500 g Hokkaidokürbis

Meersalz

Zucker

Olivenöl

50 g flüssige Butter

100 g geriebener Parmesan

Salz

4 kleine Tarteformen (Durchmesser 9 cm)

Butter zum Fetten

1 Rolle Blätterteig

20 g geröstete Kürbiskerne

Zutaten Rucolasalat

2 Bund Rucola

20 ml weißer Balsamico-Essig

50 ml Olivenöl

12 Stück Baby-Büffelmozzarella

gewürzter Pfeffer, zum Beispiel Kochateliers Gewürzter Pfeffer „Manche mögen's heiß"

Den Kürbis waschen, vierteln und entkernen. Dann den Kürbis in grobe Stücke schneiden und mit Meersalz, Zucker und Olivenöl marinieren. Die Kürbiswürfel auf ein Backblech geben und bei 200°C Umluft im Ofen ca. 25 Minuten garen, bis der Kürbis weich ist und anfängt goldbraun zu werden. Dann den Kürbis und die flüssige Butter in einem Standmixer cremig pürieren. Anschließend den Parmesan unterrühren und mit Salz abschmecken sowie die Masse auskühlen lassen.

Die Tarteformen dick mit Butter auskleiden. Den Blätterteig mit einem runden Ausstecher von 12–13 cm ausstechen und damit die Formen auskleiden. Das Kürbispüree einfüllen (nicht komplett bis zum Rand!) und die Kürbiskerne darüber streuen. Bei 230°C Umluft im Ofen für 20 Minuten backen.

Rucolasalat: Den Rucola mit weißem Balsamico-Essig und Olivenöl, Salz und Pfeffer abschmecken. Den Mozzarella würzen und mit Olivenöl marinieren.

Anrichten

Die gebackene Tarte auf den Teller geben und mit Büffelmozzarella, sowie Rucola ausgarnieren.

Christoph Dubois führt zusammen mit Klaus Velten die Kochateliers mit fünf Standorten in und rund um Bonn, kochateliers.de

Steinpilz-Arancini
mit Kopfsalatcreme, Steinpilzsalat und Tomaten

für **4** Personen

Zutaten Arancini

3 Schalotten, in feinen Würfeln

500 g Risotto-Reis

100 ml Weißwein

1,2 l Gemüsebrühe

200 g geriebener Parmesankäse

500 g fein gewürfelte und angebratene Steinpilze

Mehl, Ei, Paniermehl

1 EL Butterschmalz

Salz, Pfeffer

Zutaten Steinpilzsalat mit Tomaten

300 g Steinpilze

2 Schalotten, in feinen Würfeln

2 EL fein geschnittenen Schnittlauch

1 EL Olivenöl

1 TL Apfelessig

1 TL Honig

200 g bunte Bio-Tomaten

Zutaten Kopfsalatcreme

1 Kopfsalat

1 Ei, wachsweich gekocht

1 EL Crème fraîche

1 TL abgeriebene Zitronenschale

2 cl Noilly Prat

Arancini: Die Schalotten in Butterschmalz andünsten, den Reis hinzugeben und leicht mit dünsten. Wenn sich alles gut verteilt hat und etwas glasig erscheint, mit dem Weißwein ablöschen und mit der Brühe aufgießen. Das Ganze nun ca. 15 Minuten garen. Die Flüssigkeit muss komplett verdunstet sein.

Den Parmesankäse und die gewürfelten Steinpilze unterheben, gut vermengen und abschmecken. Den Reis auf ein flaches Blech geben und glattgestrichen, auskühlen lassen.

Nachdem alles gut abgekühlt ist, wird der Reis mit einem Eisportionierer zu kleinen Kugeln geformt und anschließend in Mehl, Ei und Paniermehl paniert. In einer Fritteuse oder in einem Topf mit heißem Pflanzenfett goldbraun ausbacken.

Steinpilzsalat mit Tomaten: Die Steinpilze halbieren und in feine Scheiben schneiden. Mit den Schalotten in einer Pfanne von allen Seiten gut anbraten. Aus dem Olivenöl, dem Apfelessig und dem Honig eine Vinaigrette herstellen, diese mit Salz und Pfeffer abschmecken. Die Vinaigrette über die noch warmen Pilze geben, die halbierten Tomaten hinzugeben, alles gut miteinander vermengen. Mit dem fein geschnittenen Schnittlauch verfeinern.

Kopfsalatcreme: Den Kopfsalat waschen und kleinschneiden. In einem Topf mit Wasser blanchieren, abgießen und den blanchierten Salat gut ausdrücken, sodass er das Wasser verliert. Den Salat mit dem Noilly Prat in einen Küchenmixer geben und zu einem feinen Püree verarbeiten. Die Zitronenschale und die Crème fraîche hinzugeben und durchmixen. Zum Schluss kommt das Ei für die Bindung hinzu. Mit Salz und Pfeffer abschmecken.

Benedikt Frechen ist Inhaber und Küchenchef im Restaurant Anna Seibert in Rheinbach, anna-seibert.de

Zutaten Ravioli

Teig:

100 g Semola (feiner Weizengrieß)

100 g Pastamehl, Type „00"

3 Eigelb

1 Ei

1 EL Olivenöl

Füllung:

1 Birne

1 kleine Zwiebel

½ TL Senfsaat

1 Sternanis

150 g Maronen, geschält und gegart

1 kleines Bund Schnittlauch

1 EL Butter

Salz und Pfeffer

Eiweiß zum Bestreichen

Zutaten Gorgonzola-Schaum

300 ml Milch

1 Lorbeerblat

1 Zweig Rosmarin

2 Zweige Thymian

1 Zehe Knoblauch

100 g Gorgonzola

Salz, Pfeffer, Muskatnuss

Weitere Zutaten

1 knackige Herbstbirne

1 cl Williams Birnen-Schnaps

Saft **einer halben** Zitrone

2 EL Kürbiskerne

2 Zweige Thymian

Kürbiskernöl

Butter

Salz, Pfeffer

Maronen-Ravioli
mit Birne und Gorgonzola

für **4** Personen

● **Teig:** Mehl, Eier und Olivenöl gut verkneten. Den Teig anschließend in Folie einpacken und eine halbe Stunde ruhen lassen.

● **Füllung:** Birne und Zwiebel schälen und fein würfeln. Butter erhitzen. Zuerst Zwiebelwürfel glasig anschwitzen, dann Birnenwürfel und Gewürze hinzugeben und 5 Minuten köcheln lassen. Maronen mit der Hand zerbröseln, Schnittlauch in feine Ringe schneiden. Beides zu der Zwiebel-Birnenmasse geben, wenn diese leicht abgekühlt ist. Mit Salz und Pfeffer kräftig abschmecken, den Sternanis entfernen.

● Den Teig mit der Nudelmaschine dünn ausrollen. Streifen von ca. 3 cm Breite schneiden. Füllung auf die Hälfte der Streifen mit einem Teelöffel portionsweise verteilen. Ränder mit Eigelb besteichen, je einen Teigstreifen darauflegen und gründlich um die Füllung herum andrücken. Mit einem Teigrädchen zu einzelnen Ravioli schneiden. In kochendem Salzwasser für ca. 2 Minuten garen.

● **Gorgonzola-Schaum:** Milch mit Kräutern und Knoblauch aufkochen und dann zu Seite stellen. Den Gorgonzola in die Milch einrühren und mit Salz, Pfeffer und Muskatnuss abschmecken.

● Die Birne waschen und mit Schale in möglichst dünne Scheiben raspeln oder schneiden. Mit Schnaps, Zitronensaft, Salz und Pfeffer würzen. Kürbiskerne rösten, Thymian fein hacken.

● Nun die Ravioli in Butter angehen lassen und in einen tiefen Teller anrichten. Die Birnenspalten darauf geben. Die Milch mit einem Stabmixer aufschäumen und die Ravioli damit nappieren. Geröstete Kerne und Thymian darüber streuen, dekorativ ein wenig Kürbiskernöl über das Gericht geben und servieren.

Christoph Dubois führt zusammen mit Klaus Velten die Kochateliers mit fünf Standorten in und rund um Bonn, kochateliers.de

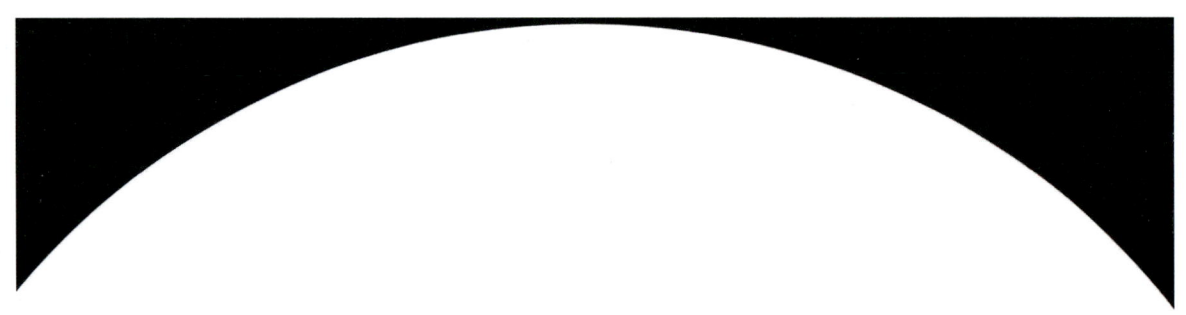

Karotte
mit Mohnknödel und Giersch

für **4** Personen

Zutaten Karotte

0,7 l Karottensaft

20 Karotten

50 g Butter

Zutaten Quarkknödel

100 g abgehangener Quark

10 g Eigelb

30 g Vollei

5 g Zucker

10 g weiche Butter

25 g Paniermehl

5 g Grieß

Salz, Pfeffer, Zucker

Garnitur

20 Blätter Giersch

10 g Mohn

🟡 **Karotte:** Alle Karotten schälen, davon 10 Karotten klein schneiden und mit Butter anschwitzen, abdecken und köcheln lassen, bis sie weich sind. Mit Salz und 40 g Butter zu einem glatten Püree mixen. Die restlichen Karotten schälen und längs in 2 mm breite Streifen aufschneiden. Diese bei 100 °C Umluft ca. 45 Minuten im Ofen trocknen, dann mit Karottensaft weichkochen, den Saft reduzieren und mit der restlichen Butter aufbuttern.

🟡 **Quarkknödel:** Alle Zutaten miteinander verrühren, abschmecken und in siedendes Wasser nocken. Nun 10 Minuten ziehen lassen, abtropfen lassen und direkt mit Mohn bestreuen und anrichten.

Anrichten

Karottenstreifen ringförmig anrichten. Püree darauf spritzen und mit Giersch garnieren. Karottensud in die Mitte geben und dann die Quarknocke in den Sud setzen.

Christian Binder ist Küchenchef in Steinheuers Restaurant „Zur Alten Post" in Bad Neuenahr-Heppingen, www.steinheuers.de

Gebratener weißer Spargel im Kataifi-Teig

mit Kohlrabi und grüner Sauce

für **4** Personen

8 Stangen mitteldicker weißer Spargel

3 möglichst große Kohlrabi

3 EL Mehl, Type 405

1 Paket Kataifi-Teigfäden (aus dem türkischen Supermarkt)

1 Bund Kräuter für grüne Soße (250 g)

1 Schale Kresse

300 g Frischkäse

100 ml Weißwein

200 ml Sahne

300 ml Rapsöl

1 EL Senf

Salz und Pfeffer, Zucker

● Den Spargel schälen und auf eine Länge schneiden. Spargelschalen und Spargelreste zur Seite stellen.

● **Kohlrabi:** Den Kohlrabi waschen und mit einem Messer schälen. Die Kohlrabi-Schalen zusammen mit den Spargelresten in einem Topf mit kaltem Wasser mindestens eine halbe Stunde leicht köcheln lassen. Mit Salz und etwas Zucker abschmecken. Den Gemüsefond durch ein Sieb passieren und wieder auf den Herd stellen.

● 1 Kohlrabi mit Hilfe eines Gemüsehobels in dünne Scheiben schneiden. Die Kohlrabi-Scheiben im Gemüsefond kurz abkochen und in kaltem Wasser abschrecken. Auf einem Sieb zur Seite stellen. Die beiden anderen Kohlrabi in 1 x 1 cm dünne Würfel schneiden und ebenfalls im Gemüsefond blanchieren, abschrecken und zur Seite stellen.

● **Spargel:** Den geschälten Spargel für ca. 3 Minuten im kochenden Gemüsefond blanchieren und auf Küchenpapier zum Abtropfen legen. 3 EL Mehl mit 7 EL kaltem Wasser und einer Prise Salz und etwas Zucker zu einem dünnen Teig verrühren. Eine Handvoll Kataifi-Teig auf der Arbeitsfläche der Länge nach auseinanderzupfen.

Eine Stange Spargel auf den Kataifi-Teig legen. Mit einem Löffel etwas von dem angerührten Teig auf dem Spargel verteilen. Jetzt den Spargel in den Kataifi-Teig einrollen. Der Teig dient dabei quasi als Kleber. Diesen Vorgang mit insgesamt 8 Stangen Spargel wiederholen.

Die Spargel-Kataifi-Rollen in einer Pfanne mit Rapsöl goldgelb braten. Beiseitestellen.

Grüne Sauce: Die Kräuter waschen und etwas trocken tupfen. Am besten mit Hilfe eines Küchen-mixers mit etwas Salz und Rapsöl zu einem Pesto verarbeiten. Den Frischkäse mit 3–4 EL Pesto vermischen und mit 1 EL Senf, Salz und Pfeffer ab-schmecken. Den Rest des Pestos zur Seite stellen.

Auf die blanchierten Kohlrabi-Scheiben einen Teelöffel von der grünen Sauce geben und die Kohlrabi-Scheibe einmal umklappen. Pro Portion 3 Kohlrabi-Taschen herstellen.

Kohlrabi-Sauce: Den Kohlrabi-Fond mit dem Weißwein in einen Topf geben und auf die Hälfte reduzieren lassen. Mit der Sahne auffüllen und um ein Drittel einkochen lassen. Die Kohlrabi-Sauce mit etwas Salz abschmecken. Ggf. mit einem Zauber-stab vor dem Anrichten aufschäumen.

Anrichten

Die Kohlrabi-Würfel mit etwas Kohlrabi-Sauce zum Kochen bringen und auf die Teller verteilen.

In der Zwischenzeit die Spargel-Kataifi-Rollen im Ofen erwärmen.

Auf die Kohlrabi-Würfel die Kohlrabi-Taschen und die Spargel-Kataifi-Rollen anrichten. Zum Schluss mit der Kohlrabi-Sauce, der Kresse und etwas Pesto garnieren.

Sebastian Schipulle ist Inhaber und Küchenchef im Savvy Nosh in Oberkassel, www.savvynosh.de

Rezeptregister nach Köchen

Fritz Benson
Steckbrief 70
Poelierte Seezunge 66

Christian Binder
Steckbrief 59
Gebratener Zander auf Traubenkraut 57
Kaisergranat 85
Karotte mit Mohnknödel und Giersch 107

Lucas Brockhausen
Steckbrief 58
Aprikosen-Ceviche 54

Robert Bösel
Steckbrief 38
Lamm im Beet 34
Riesling-Zander 79

Christoph Dubois
Steckbrief 29
Chorizo al Vino Blanco 26
Vegetarisches Kartoffel-Paprika-Gulasch 90

Benedikt Frechen
Steckbrief 22
Gefüllter Kalbstafelspitz 18
Aufgeschlagener Ziegenfrischkäse 88
Steinpilz-Arancini 102

Paul Heuser
Steckbrief 13
Roulade mal asiatisch 10
Gnocchi mit Gorgonzolasauce 42
Saltimbocca vom Seeteufel 82

Felix Kaspar
Iberico Schweinebäckchen 8
Wolfsbarsch I Bärlauch I Spargel 74
Gebratener Saibling 80
Blumenkohl I Trüffel-Gnocchi I Meerrettich-Beurre Blanc I Rauchsalzmandel 98

Christoph Dubois & Klaus Velten

Steckbrief Klaus Velten 12
Bratwurst mit Senf und Majoran. 14
Kürbiscreme im Blätterteig 100
Maronen-Ravioli 104

Astrid Kuth

Steckbrief. 97
Pasta mit Reh-Bolognese, Buchenpilzen und jungen Mangoldblättern 16
Hirsch-Involtini auf Wildkräuter- und Feldsalat 40
Skrei-Filet im Pergamentblatt gegart 60
Gebratenes Zanderfilet mit Schmorgurken 62
Gefüllte Zucchiniblüten 94

Matthias Pietsch

Steckbrief. 39
Boeuf Bourguignon 36
Entenbrust „Berliner Art". 44
Spanferkel aus dem Münsterland. 46

Oliver Röder

Steckbrief. 28
Eifler Rehrücken. 24
Gesottenes Wildschwein, zweierlei Rosenkohl, Senfschaum. 32
Eifel-Tomate und Gurke trifft Felchen vom Laacher See 52
Tatar vom Ikarimi-Lachs auf Kartoffelrösti 64

Sebastian Schipulle

Steckbrief. 96
Gebratenes Lachsfilet. 72
Tortelloni vom Scamorza 92
Gebratener weißer Spargel im Kataifi-Teig. 108

Benjamin Schöneich

Steckbrief. 71
Dorade Royale. 68

Christian Sturm-Willms

Steckbrief. 23
Entenbrust 20
Chicken Karaage. 30
Yakitori-Spieße 48

Impressum

Math. Lempertz GmbH
Hauptstraße 354
53639 Königswinter
Tel.: 02223/90 00 36
Fax.: 02223/90 00 38
info@edition-lempertz.de
www.edition-lempertz.de

© 2024 Mathias Lempertz GmbH

Rezepte: Fritz Benson, Christian Binder, Lucas Brockhausen, Robert Bösel, Christoph Dubois, Benedikt Frechen, Paul Heuser, Felix Kaspar, Astrid Kuth, Matthias Pietsch, Oliver Röder, Sebastian Schipulle, Benjamin Schöneich, Christian Sturm-Willms, Klaus Velten

Fotografen: Ahr-Foto, Barbara Frommann, Frank Homann, Franziska Klein

verwendete Hintergründe: ©Adobe Stock: Tatiana, ©Pixabay: ruthe_meriele

Layout/Satz: Kerstin Pfeiffer

Lektorat: Annemarie Ulrich

Druck und Bindung: Neografia, Slowakei

ISBN: 978-3-96058-507-7